24 MENSAJES BIBLICOS EN PRIMERA DE PEDRO

Preston A. Taylor

Traducido por
Arnoldo Canclini

CASA BAUTISTA DE PUBLICACIONES

CASA BAUTISTA DE PUBLICACIONES
Apartado Postal 4255, El Paso, TX 79914 EE. UU. de A.
Agencias de Distribución

ARGENTINA: Rivadavia 3474, 1203 Buenos Aires, Teléfono: (541)863-6745. **BOLIVIA:** Casilla 2516, Santa Cruz, Tel.: (591)-342-7376, Fax: (591)-342-8193. **COLOMBIA:** Apartado Aéreo 55294, Bogotá 2, D.C., Tel.: (57)1-287-8602, Fax: (57)1-287-8992. **COSTA RICA:** Apartado 285, San Pedro Montes de Oca, San José, Tel.: (506)225-4565, Fax: (506)224-3677. **CHILE:** Casilla 1253, Santiago, Tel/Fax: (562)672-2114. **ECUADOR:** Casilla 3236, Guayaquil, Tel.: (593)4-455-311, Fax: (593)4-452-610. **EL SALVADOR:** Apartado 2506, San Salvador, Fax: (503)2-218-157. **ESPAÑA:** Padre Méndez #142-B, 46900 Torrente, Valencia, Tel.: (346)156-3578, Fax: (346)156-3579. **ESTADOS UNIDOS:** 7000 Alabama, El Paso, TX 79904, Tel.: (915)566-9656, Fax: (915)565-9008; 960 Chelsea Street, El Paso TX 79903, Tel.: (915)778-9191; 3725 Montana, El Paso, TX 79903, Tel.: (915)565-6234, Fax: (915)726-8432; 312 N. Azusa Ave., Azusa, CA 91702, Tel.: 1-800-321-6633, Fax: (818)334-5842; 1360 N.W. 88th Ave., Miami, FL 33172, Tel.: (305)592-6136, Fax: (305)592-0087; 8385 N.W. 56th Street, Miami, FL 33166, Tel.: (305)592-2219, Fax: (305)592-3004. **GUATEMALA:** Apartado 1135, Guatemala 01901, Tel: (5022)530-013, Fax: (5022)25225. **HONDURAS:** Apartado 279, Tegucigalpa, Tel. (504)3-814-81, Fax: (504)3-799-09. **MEXICO:** Vizcaínas Ote. 16, Col. Centro, 06080 México, D.F., Tel/Fax: (525)510-3674, 512-4103; Apartado 113-182, 03300 México, D.F., Tels.: (525)762-7247, 532-1210, Fax: 672-4813; Madero 62, Col. Centro, 06000 México, D.F., Tel/Fax: (525)512-9390; Independencia 36-B, Col. Centro, 06050 México, D.F., Tel.: (525)512-0206, Fax: 512-9475; Matamoros 344 Pte., 27000 Torreón, Coahuila, Tel.: (521)712-3180; Hidalgo 713, 44290 Guadalajara, Jalisco, Tel.: (523)510-3674; Félix U. Gómez 302 Nte. Tel.: (528)342-2832, Monterrey, N. L. **NICARAGUA:** Apartado 2340, Managua, Tel/Fax: (505)265-1989. **PANAMA:** Apartado E Balboa, Ancon, Tel.: (507)22-64-64-69, Fax: (507)228-4601. **PARAGUAY**: Casilla 1415, Asunción, Fax: (595)2-121-2952. **PERU:** Apartado 3177, Lima, Tel.: (511)4-24-7812, Fax: (511)440-9958. **PUERTO RICO:** Calle 13 S.O. #824, Capparra Terrace, Tel.: (809)783-7056, Fax: (809)781-7986; Calle San Alejandro 1825, Urb. San Ignacio, Río Piedras, Tel.: (809)764-6175. **REPUBLICA DOMINICANA:** Apartado 880, Santo Domingo, Tel.: (809)565-2282, Fax: (809)565-6944. **URUGUAY:** Casilla 14052, Montevideo 11700, Tel.: (598)2-394-846, Fax: (598)2-350-702. **VENEZUELA:** Apartado 3653, El Trigal 2002 A, Valencia, Edo. Carabobo, Tel/Fax: (584)1-231-725, Celular (581)440-3077.

Primera edición: 1998
Clasificación Decimal Dewey: 251.02
Temas: Sermones - Bosquejos

ISBN: 0-311- 43050-3
C.B.P. Art. No. 43050
3 M 3 98
Printed in U. S. A.

Indice

DEDICATORIA

Para la gloria de Dios
y en grato recuerdo de
V. Harwood y Estela Blocker, III
quienes a lo largo de los años
han servido a Dios y a su país con gran dedicación, y por su
generosa contribución de libros para los pastores hispanos.
También lo dedico a
Troy y Leona Simmons,
Juanita Scale,
a las esposas de los pastores y predicadores laicos, y a las
iglesias donde el autor ha servido como pastor.

Prólogo

Aunque hoy se predica mucho *sobre* la Biblia, hay falta de verdadera predicación bíblica. Hay que conocer los idiomas bíblicos y las situaciones históricas que Dios usó para traer hasta nosotros su Palabra, dada hace dos o tres mil años. También es necesario un profundo conocimiento de la situación actual, con todas sus alegrías y problemas, a fin de hacer que la Palabra eterna de Dios se relacione con nuestras situaciones. Sobre todo, se requiere sumisión a la guía del Espíritu Santo para que esa predicación tenga el sello de la autoridad divina.

Preston Taylor combina esos dones de la predicación bíblica. Domina los idiomas bíblicos y entiende el ambiente histórico de los escritos sagrados. Como misionero y fiel pastor, ha obtenido una visión profunda de los problemas y necesidades actuales. Con una consagración hermosa ha puesto en las manos del Señor el ministerio de la Palabra para que podamos alimentar nuestras almas con el mensaje de Dios.

Taylor, al elegir Primera de Pedro, ha tomado un texto bíblico de inusada aplicación a nuestras vidas en la actualidad. En tiempo de persecución y temor, Pedro demostró la victoria de la fe bajo las pruebas y con una precisión sin fallas nos retrotae a la realidad básica de la fe cristiana: la "preciosa sangre de Cristo", la esperanza viva que tenemos "por la resurrección de Cristo de los muertos" y la "herencia incorruptible, incontaminada e..., reservada en los cielos para nosotros".

Todos serán bendecidos con su lectura. El creyente recibirá aliento y guía para la vida cristiana. El estudioso de la Biblia sacará provecho de la riqueza de conocimiento histórico y visión interpretativa que surgen del análisis de esta epístola. Todo predicador se verá desafiado a hacer un trabajo más fiel de estudio e investigación a fin de que el mensaje bíblico llegue a nuestras vidas en la actualidad.

Doctor Wayne Ward

Introducción

El entusiasmo de una cruzada dura poco para un evangelista que debe continuar un apretado itinerario a lo largo del año y alrededor del mundo. Atesora los momentos libres cuando puede gozar a los pies de otros. Para este evangelista, sentarse a los pies de Preston Taylor es tener una fiesta con los mejores manjares de la cocina divina. Cuando esas posibilidades son limitadas se hace preciso recibir comida de calidad. Eso ocurre realmente cuando he escuchado a mi pastor exponiendo las verdades de la Palabra de Dios.

He leído el contenido de este volumen y el beneficio que he obtenido es tan edificante como su predicación. Su uso de las ilustraciones, tanto de la historia como de su experiencia personal, es excelente. Sus gotas de humor aligeran las porciones de difícil interpretación en la Palabra de Dios. Sus mensajes tanto hablados como escritos son el resultado brillante de una vida cristiana resplandeciente.

Para el ministro como para el estudiante laico, este volumen es algo imprescindible. La profunda sencillez de su estilo hará que el lector continúe por todo el volumen y la primera epístola de Pedro tendrá un nuevo significado en su vida.

Que el Señor bendiga este libro para inspiración, edificación e instrucción de muchos, como ha sido para mí.

Rudy A. Hernández,
Evangelista Internacional
Grand Prairie, Texas

DATOS PARA EL ARCHIVO:
Fecha: ________________________________
Ocasión: ______________________________
Lugar: ________________________________

1

Simón Pedro: un retrato de todo hombre

Pedro, apóstol de Jesucristo; a los expatriados de la dispersión en Ponto, Galacia, Capadocia, Asia y Bitinia. 1 Pedro 1:1

La fogata ardía durante la noche en un patio de la vieja ciudad de Jerusalén. Una turba curiosa la rodeaba preguntándose cómo iría el juicio del hombre llamado Jesús, que tenía lugar a pocos metros de allí. Dentro del grupo, una joven observaba a un hombre. De pronto, la mujer exclamó: "—¡Este estaba con él! Pero él negó diciendo: —Mujer, no le conozco" (Luc. 22:56, 57).

Hubo otras dos acusaciones las cuales Pedro negó. Entonces el agudo canto de un gallo quebró la momentánea quietud de la fría noche. Simón Pedro inclinó su cabeza y se alejó de sus acusadores. Luego, aquel discípulo lloró desconsoladamente.

Pedro nos resulta familiar. Al conocer sus fracasos y victorias nos sentimos identificados con él. Sentimos como que caminamos en sus pisadas día tras día. Vemos en él un reflejo de nuestra propia vida. Pedro es un retrato de todo cristiano. Es un cuadro de lo que somos y de lo que podemos llegar a ser.

I. La conversión de Pedro es un retrato de nuestra experiencia de salvación

La historia de su conversión es breve y sencilla. Su hermano Andrés había sido discípulo de Juan el Bautista. Uno de esos días que cambian la historia, cuando Jesús apareció en el valle del Jordán, Juan el Bautista declaró: "¡He aquí el Cordero de Dios que quita el pecado del mundo!" (Juan 1:29). Entonces Andrés dejó a Juan y pasó el resto del día con Jesús. Al siguiente día, Andrés encontró a su hermano Pedro y le dijo: "Hemos encontrado al Mesías —que significa Cristo—" (Juan 1:41). Los dos hermanos fueron a ver a Jesús y ese encuentro sería el inicio de un cambio en la vida de Pedro. Aun cuando Pedro cayó y se levantó muchas veces, después de ese primer encuentro, él nunca volvió a ser el mismo. Cristo llegó a ser su Salvador. Una profunda obra, que nunca terminaría, de arrepentimiento y fe, comenzó en la vida de este apóstol. La conversión de Pedro es una indicación de lo que puede ocurrir en la vida de todos aquellos que rinden su vida a Jesucristo.

II. La fraternidad de Pedro es un cuadro de la comunión espiritual que gozamos como cristianos

¿Qué tipo de compañeros tuvo Pedro? El y Andrés se mantuvieron juntos como hermanos y apóstoles, al menos por tres años. Pedro, Jacobo y Juan formaron el círculo íntimo de Jesús. Juan Marcos era el hijo espiritual de Pedro (1 Ped. 5:13) y permaneció con él hasta sus días finales en Roma. Silas, un romano bien preparado, también fue amigo de Pedro y le ayudó a escribir su primera carta (1 Ped. 5:12).

La amistad de Pedro y Pablo no puede ser pasada por alto. Poco después de la conversión de Pablo, éste fue al desierto de Arabia para un retiro espiritual por más de dos años. Cuando volvió fue a Jerusalén para estar con Pedro (Gál. 1:18). La lista de las personas relacionadas con Pedro aumentó a través de los años. Por supuesto, su principal compañero fue Jesús.

Todos podemos mencionar a docenas de personas que son verdaderos amigos de Jesús. La cálida fraternidad que tenemos con esas personas en tiempos breves o por largos años agrega sabor y gozo a la vida.

Quisiera mencionar a unos pocos que han dejado en mí una senda cálida de amistad. Rudy y Rubén Hernández, padre e hijo, componen uno de los equipos evangelísticos más usados por Dios. Miles son desafiados espiritualmente a causa de la amistad, que dura para toda la vida, con Rudy y Rubén.

El doctor Benjamín Bedford y su esposa son dedicados y activos siervos de Cristo que han integrado sus vidas con las de cientos de otros misioneros y pastores nacionales, presentando el mensaje de Cristo y haciendo que las iglesias a donde han ido sean más fuertes. Definitivamente, la familia de Dios debe ser un refugio donde podamos brindar apoyo espiritual para quienes enfrentan presiones, dolor y problemas agudos.

III. El colapso de Pedro es un cuadro de nuestros fracasos y caídas espirituales

El orgullo lleva a cualquier persona a la derrota espiritual. Un exceso de confianza en la propia capacidad llevó a Pedro a ese fracaso espiritual. Cuando Jesús habló de su muerte en la cruz, Pedro dijo que eso jamás sucedería. Jesús le advirtió sobre sus próximas negaciones, pero el orgulloso apóstol se jactó: "Aunque todos se escandalicen de ti, yo nunca me escandalizaré" (Mat. 26:33).

Los cristianos fracasan por causa de su orgullo. La vida centrada en el "yo" aplasta la vida cristiana, pero Jesús quiere que estemos en continua victoria. Sufrimos caídas espirituales porque vivimos confiando en nuestra energía más que dependiendo de Dios para que obre a través de nosotros por el poder del Espíritu Santo.

Satanás produce las derrotas de los cristianos. Jesús advirtió a Pedro: "Simón, Simón, he aquí Satanás os ha pedido para zarandearos como a trigo" (Luc. 22:31). El demonio pidió a Dios que dejara suelto a Pedro por un tiempo, porque quería traer aflicción al orgulloso apóstol ¡y lo hizo! Lo sacudió como el campesino sacude el trigo para conseguir su grano. El diablo llevó al apóstol hasta el borde de su ruina. Si pensamos que Satanás está dormido o ha entrado en estado de coma, estamos equivocados. Sigue siendo actual lo que dice 1 Pedro 5:8: "Sed sobrios y velad. Vuestro adversario, el diablo, como león rugiente, anda alrededor buscando a quién devorar."

Cuando no oramos corremos el riesgo de caer. Nuestro amigo Pedro siguió a Jesús "desde lejos" y no oró. Alguien ha dicho: "Todos los pecados tienen que ver con la falta de oración." El cristiano debería saber que la falta de oración abre la puerta a muchos problemas. En consecuencia, todos deben darse cuenta de la importancia de hablar con Dios.

Una estrecha relación con la gente equivocada hará resbalar a cualquiera. Simón Pedro trató de calentarse con el fuego del enemigo. El cristiano debe ser cuidadoso cuando busca "refugio" en un grupo que se niega a identificarse como cristiano. ¿Significa eso que debe tener una vida sin relaciones con el mundo? De ninguna manera. Jesús comió "con publicanos y pecadores". Nos dice que debemos estar en el mundo para ser sal y luz. El cristiano debe vivir en medio de las condiciones del mundo, pero nunca debe "venderse" a la gente equivocada.

IV. La contrición de Pedro es un retrato de nuestro arrepentimiento y restauración

Me alegro de que los Evangelios no pasaron por alto esa parte de la historia. Simón Pedro dio media vuelta en su camino. Eso debe ser una clara señal para cualquiera que cae. Siempre podrá reiniciar su camino. La ruta para la restauración está abierta. Las oraciones de Jesús alentaron a que el fracasado volviera a Dios. En Lucas 22:32, Jesús dijo: "Pero yo he rogado por ti, que tu fe no falle. Y tú, cuando hayas vuelto, confirma a tus hermanos." La intercesión de Jesucristo es un gran recurso para la restauración espiritual.

La nueva naturaleza espiritual del cristiano le ayuda a recuperarse de sus caídas. Como Pedro recibió nueva vida de parte de Cristo, su corazón siempre ansió tener comunión con Dios, aun cuando fracasaba. Nuestras caídas pueden ser muchas y feas. Sin embargo, el corazón y la conciencia nunca dejan de tener un sentimiento como pasó con el hijo pródigo cuando pensaba en su casa. El Espíritu Santo de Dios siempre llama al que ha caído o se ha apartado para que vuelva a Cristo.

El daño que quienes caen produce en la causa de Cristo debe llevarles a la contrición. Cuando Pedro oyó el canto del gallo, tal como Cristo se lo había anunciado: "y saliendo fuera, lloró amargamente" (Mat. 26:75). Sus negaciones hicieron brotar lágrimas de sus ojos. Las muchachas que le acusaron deben haberse reído y burlado de sus fracasos. Sin duda sintió la herida que provocó a la causa de Cristo su ir y venir en la fe.

¿Cuánto daño causa el que fracasa en la vida cristiana? ¡Más de lo que uno se puede imaginar! Cuando un cristiano ve el desastre que provocan los que se alejan, tiene que experimentar contrición. La de Pedro nos recuerda que a menudo el quebrantamiento de espíritu llega a un cristiano a causa de sus pecados.

V. Las contribuciones de Pedro son un retrato de nuestras posibilidades en el servicio de Dios

Como Pedro, somos valiosos a la causa de Cristo. Tomemos nota de las contribuciones fundamentales que podemos hacer como cristianos.

A. *Podemos ser testigos valientes de Jesús.* Aunque nosotros no seamos apóstoles [uno de los requisitos es haber sido testigo de la resurrección de Jesús (Hech. 1:22)], somos enviados. Hechos 4:13 parece saltar de la página cuando dice: "Y viendo la valentía de Pedro y de Juan, y teniendo en cuenta que eran hombres sin letras e indoctos, se asombraban y reconocían que habían estado con Jesús." La primera parte del libro de los Hechos nos narra cómo éstos testigos proclamaban con valentía de Jesucristo.

B. *El testimonio debe ser una obra de fe y reposo.* Debemos aprender a dejar los resultados en las manos de Dios (Mar. 4:26-29). El Señor de la mies vigilará la obra que hagamos en su nombre. Descansemos y dejemos que Dios participe en la obra que hacemos para él.

C. *Podemos alentar a otros.* Pedro escribió su primera carta con el propósito básico de alentar a los cristianos expatriados por las provincias del Asia Menor... y a nosotros. Cuando alentamos a otro en su camino espiritual, estamos haciendo una gran contribución a la causa de Dios.

Es bueno conocer que Pedro era un hombre de carne y hueso, con derrotas y victorias, con alegrías y penas. Poco después de que Jesús y Pedro se encontraron, el Señor le dijo que haría de él algo como una roca. Ese proceso continuó durante toda la vida de Pedro y puede ser repetido en nosotros. Cuando consagramos nuestras vidas al Señor, él puede convertirnos en el tipo de personas que él quiere que seamos.

Preguntas

1. ¿Quién presentó a Simón Pedro ante Jesús?
2. ¿Quién dijo Pedro que era Jesús? ¿Qué dice usted?
3. ¿Quiénes formaban el círculo íntimo de los discípulos de Cristo? Nombre a cinco amigos de Simón Pedro.
4. ¿Cuáles son las tres causas para el fracaso espiritual?
5. ¿Cuáles son los recursos para la restauración espiritual?
6. ¿Cuáles son las dos contribuciones que todo cristiano debe hacer a la causa de Cristo?
7. ¿De qué manera la vida de Pedro se parece a la del cristiano moderno?

DATOS PARA EL ARCHIVO:
Fecha: ______________________________
Ocasión: ______________________________
Lugar: ______________________________

2

¿Quiénes son los cristianos?

Pedro, apóstol de Jesucristo; a los expatriados de la dispersión en Ponto, Galacia, Capadocia, Asia y Bitinia, elegidos conforme al previo conocimiento de Dios Padre por la santificación del Espíritu, para obedecer a Jesucristo y ser rociados con su sangre: Gracia y paz os sean multiplicadas.
1 Pedro 1:1, 2

Emily Dickinson, una de las grandes poetisas norteamericanas, llevó una vida normal llena de amistades y trabajo hasta los treinta años. Luego se convirtió en una solitaria. En sus escritos, aunque son profundos, se nota mucha tristeza y pesimismo. Algo de su filosofía de la vida se expresa en estas líneas:

Yo soy nadie.
¿Quién eres tú? ¿También eres nadie?

El cristiano debe tener conciencia de su valor. ¿Quién eres tú? ¿Quién soy yo? Somos gente especial, la creación de Dios. En 1 Pedro 1:1, 2, el cristiano capta una nueva visión de quién es. Simón Pedro nos recuerda que el cristiano es un peregrino, alguien escogido por Dios que ha recibido los dones de la gracia y la paz. Cuando entendemos quiénes somos realmente, la vida tiene un nuevo significado para nosotros.

I. Los cristianos son peregrinos espirituales

Esta carta está dirigida a "los expatriados de la dispersión". Las provincias del Asia Menor que se mencionan en este versículo incluyen una gran parte de la actual Turquía. Los "expatriados" o "esparcidos" de esta carta se refiere a los cristianos judíos que vivían fuera de Palestina y a los gentiles que se habían convertido con ellos. Los hebreos o judíos que vivían fuera de su tierra son mencionados a menudo en la Biblia como "griegos" por la influencia griega que era ejercida sobre ellos. Pedro los llama expatriados, extranjeros, peregrinos.

Ser un peregrino espiritual, no es ser un vagabundo, ni un nómada, ni un turista. El estudioso de la Biblia, Kenneth West, describe a los cristianos como "peregrinos que se han establecido lejos de su patria junto a los no salvados". De esta descripción se pueden deducir dos conceptos importantes.

En primer lugar, el mundo es un hogar temporario para el cristiano. No vamos a vivir en la tierra para siempre. Cualquiera se mete en serios problemas si invierte el orden divino y vive como si la vida espiritual tuviera una importancia secundaria y la existencia física pareciera ser algo que dura para siempre.

¿Debe huir de la vida el cristiano? No. El cristiano paga impuestos, ora por el gobierno y los líderes y lucha para ser una fuerza vital para los hombres y para Dios en esta vida.

En segundo lugar, el peregrino cristiano sabe que el cielo es su hogar eterno. La vida presente es un tiempo de preparación para una vida más completa y emocionante que se nos presenta ante los ojos. Los hebreos de la antigüedad, como algunos de ahora, miraban hacia Jerusalén como su patria. Construían sus sinagogas de modo que cuando los hombres entraban en ellas, miraban hacia su patria, Jerusalén. Daniel inclusive oraba ante cierta ventana del palacio babilónico como si estuviera mirando la tierra de sus padres. En contraste, el hogar eterno del cristiano está más allá de la tierra. Hebreos 13:14 dice: "Porque aquí no tenemos una ciudad permanente, sino que buscamos la que ha de venir."

Simón Pedro tenía una visión inolvidable de la otra vida. Vio a Jesús transfigurado junto a Moisés y Elías. Por eso, él pudo decir: "Fuimos testigos oculares de su majestad... desde la grandiosa gloria" (2 Ped. 1: 16, 17). Pedro también estuvo presente cuando Jesús dijo: "En la casa de mi Padre muchas moradas hay. De otra manera, os lo hubiera dicho" (Juan 14:2). Hay una eternidad grandiosa delante de nosotros que se llama el paraíso de Dios. ¿Y cómo es este paraíso?

Es un lugar sin lágrimas, sin dolor, sin soledad y sin mal. Los enemigos han sido eliminados para siempre. El Señor de la gloria está en el cielo y los ángeles cantan aleluyas alrededor de su trono. Los redimidos de todas las épocas están allí. Por lo tanto, recordemos que somos peregrinos espirituales que estamos en camino hacia otra era.

II. Los cristianos son elegidos de Dios

La elección significa que Dios escoge o selecciona a su pueblo. Esta verdad nos conforta y desafía. Pedro afirma que nuestra elección debe ser vista de tres maneras:

A. Los elegidos son aquellos que el Padre escoge. La elección divina actúa a través de la historia. Dios escogió a Abraham de en medio de miles en la antigua Babilonia. El apartó a Israel como el pueblo escogido. Dios escogió a Jacob como padre de las tribus hebreas. Eligió a David para ser rey antes que a alguno de sus hermanos mayores. De entre las muchas aldeas de Judá, Dios eligió a Belén como lugar de nacimiento de Jesús.

La elección divina no es accidental sino fruto de su plan. Se basa en la precognición de Dios y es la expresión de su ilimitado amor. El Dios omnisciente sabe de antemano quiénes somos y qué seremos en sus manos. Esa elección es la decisión de Dios y es él quien nos escoge para el ministerio de su gloria.

La elección de Dios no exime al hombre de sus responsabilidades. Este debe ser responsable de sus actos y decisiones. Segunda Pedro 3:9 dice así de Dios: "es paciente para con vosotros, porque no quiere que nadie se pierda, sino que todos procedan al arrepentimiento".

B. Son elegidos aquellos a quienes el Espíritu Santo santifica. La elección tiene lugar en la esfera de la influencia santificadora del Espíritu. La idea básica de la santificación es la de ser apartado para el servicio de Dios.

El comentarista Delitzsch indica que la palabra santificación está relacionada con una expresión similar que significa nuevo, fresco, puro, joven, brillante, resplandeciente. La impresión que produce la obra santificadora del Espíritu es la de que el cristiano debe vivir, andar y trabajar en presencia y en el poder del Espíritu Santo. De hecho, todo lo que hacemos debe ser hecho bajo la guía, unción, control y poder del Espíritu Santo.

Al leer la historia del pueblo hebreo, vemos que cuando éste iba a adorar llevaba un animal para ofrecerlo como sacrificio. La ofrenda totalmente quemada representaba que el adorador se entregaba *completamente* a Dios. ¿Qué suponemos que habría dicho el sacerdote a alguien que se llegara a él con sólo una oreja o la pata de un animal, y le dijera: "El próximo mes traeré una pierna para el sacrificio, y en dos o tres meses más traeré la lengua." El sacerdote habría demandado un examen psiquiátrico para ese "adorador parcial".

Dios rechaza cualquier santificación que no sea completa. El demanda *la totalidad* de la vida de su pueblo. Isaías 52:11 dice: "¡Purificaos, los que lleváis los utensilios de Jehovah!" El Espíritu Santo santifica a aquellos que el Padre elige. Nos lleva al estado de santificación cuando llegamos a Cristo buscando salvación. El cristiano debe permitir que el Espíritu que mora en él lo controle para que llegue a ser un vaso "consagrado y útil para el Señor" (2 Tim. 2:21).

C. Los elegidos son aquellos a quienes el Hijo redime. En 1 Pedro 1:2 leemos: "Para obedecer a Jesucristo y ser rociados con su sangre." La persona obediente confía en Cristo y llega a él. La expiación o muerte de Cristo es para aquellos que aceptan su amor. Obedecemos al Señor cuando la sangre del Hijo de Dios es aceptada como aquello que cubre nuestros pecados. Además la vida cristiana es una vida de obediencia. Dios nunca pretendió que fuera de otra manera. Nuestro andar diario debe ser dentro de la voluntad de Dios. El cristiano se consagra a ese tipo de obediencia cuando confiesa a Cristo como Señor.

III. Los cristianos son aquellos que reciben el don de la gracia y la paz

Nos agrada la palabra "multiplicadas" que se usa en este pasaje. Pedro no pide a Dios que sume, reste o divida su gracia y paz con nosotros. Nos bastaría con que Dios sumara sus dones en nosotros. Con ello ya sobreabundaríamos. El Señor de gloria puede seguir multiplicando esos dones para los que los reciben.

¿Qué es la gracia de Dios? Es su amor por aquellos que no la merecen, lo cual nos incluye a todos nosotros. La gracia es un don directo de nuestro Padre celestial. El amor de Dios es su gracia que abunda para el peor de los pecadores. Todo lo que Dios hace nos llega por el canal de su gracia. La salvación llega por la gracia. La santificación se alcanza por medio de la gracia de Dios. Nuestra glorificación final, cuando estos cuerpos gastados lleguen a ser como el cuerpo glorificado e inmortal de Jesús, esto también ocurre por la gracia de Dios.

¿Qué es la paz de Dios? La palabra usada en el texto proviene del hebreo "shalom". La idea es que la vida llega a ser completa o plena en vez de estar fragmentada y rota. El don de la paz de Dios trae descanso, comodidad y seguridad en la vida. Cuando una persona acepta el don de la vida de Dios, surge una relación de paz entre los hombres. La paz es la calma que llega al alma después de la tormenta de la batalla contra Dios, cuando ésta ha terminado. Tenemos paz por medio de la sangre de Jesucristo derramada en la cruz (Col. 1:20). Jesús declaró: "Mi paz os doy" (Juan 14:27). El Señor eterno es el único que puede dar paz permanente a la humanidad.

¿No es maravilloso ser cristiano? En los días duros de la vida la paz de Dios puede llenar el corazón. Dios capacita al cristiano para llevar una vida que confunde a los que tratan de darle una explicación a lo que Dios hace por nosotros. Sí, el Señor de gloria nos concede su paz.

Somos peregrinos espirituales. Somos los elegidos para ser el pueblo de Dios. Tenemos en nuestros corazones su gracia y su paz. El hijo de Dios es alguien especial. Podemos saber quiénes somos como cristianos. Cada día puede llegar a tener significado para nosotros en razón de quiénes somos. ¿Por qué no empezar hoy a celebrar nuestra grandeza en Cristo?

Preguntas

1. ¿Podemos nombrar dos provincias romanas mencionadas en 1 Pedro 1:1?
2. ¿Qué significa ser extraño o forastero?
3. ¿A qué dos mundos pertenece un peregrino espiritual?
4. ¿Qué significa la elección? ¿Cuál es el significado de ser conocido de antemano?
5. ¿Cuál es la obra del Padre, del Hijo y del Espíritu Santo en nuestra elección?
6. ¿Qué significa la santificación?
7. ¿Qué hace la sangre de Cristo por nosotros?
8. ¿Cuáles son los dos dones que todo cristiano recibe de Dios?

DATOS PARA EL ARCHIVO:
Fecha: ______________________________
Ocasión: ______________________________
Lugar: ______________________________

3

Alabemos al Señor

Bendito sea el Dios y Padre de nuestro Señor Jesucristo, quien según su grande misericordia nos ha hecho nacer de nuevo para una esperanza viva por medio de la resurrección de Jesucristo de entre los muertos; para una herencia incorruptible, incontaminable e inmarchitable, reservada en los cielos para vosotros que sois guardados por el poder de Dios mediante la fe, para la salvación preparada para ser revelada en el tiempo final. 1 Pedro 1:3-5

En el segundo libro de las Crónicas hay una historia sobre la alabanza a Dios. En los días del rey Josafat de Judá, las fuerzas enemigas atacaron al rey y su pueblo. Josafat sabía que los moabitas y amonitas superaban en mucho a su pueblo, y en base meramente a los números era posible que lo derrotaran. El rey Josafat habló a Dios sobre el problema y Dios le dio una respuesta sorprendente: "No temáis... la batalla no será vuestra, sino de Dios" (2 Crón. 20:15). El rey siguió las órdenes de Dios y designó cantores que cantaran y alabaran. Cuando el pueblo comenzó a cantar y alabar a Dios, las fuerzas enemigas se confundieron. El pánico surgió en su campamento y se mataron entre sí. El pueblo de Dios celebró una impensada victoria; hoy diríamos que "sin disparar un tiro".

I. Alabemos al Señor por una esperanza viva

La vida cristiana es de esperanza viva y de expectativa. La esperanza del cristiano es Cristo. Además de la seguridad de una herencia en el cielo y la convicción de bendiciones presentes de parte de Dios en esta vida. Proverbios 4:18 describe este tipo de esperanza, diciendo: "La senda de los justos es como la luz de la aurora que va en aumento hasta que es pleno día." Aun en medio de las presiones y dolores de la vida, el cristiano sabe que el cuidado de Dios está presente. Para el creyente, la vida está llena de esta clase de esperanza.

A. La misericordia de Dios es el portal a nuestra esperanza viva. Pedro escribió sobre la "grande misericordia" de Dios. Esa misericordia inagotable del Señor soberano está al alcance de cualquiera. Dios quiere perdonar las fallas del hombre. El Señor quiere expresar su redención para con nosotros y no usar su vara contra nosotros. Dios alcanza con su compasión a un pueblo herido. Es misericordioso con aquellos que aceptan su camino para la vida.

A dos ciegos les llegó un hermoso momento en la vida cuando un día siguieron a Jesús. Clamaron: "¡Ten misericordia de nosotros, hijo de David!" Jesús tocó esos ojos ciegos y la vista volvió a ellos (Mat. 9:27-30). La misericordia de Dios aún ofrece una esperanza viva a todos los que se acercan a Jesús.

B. La experiencia del nuevo nacimiento es la garantía de una esperanza viva. El pasaje nos dice que él "nos hizo renacer". Esas palabras significan que el cristiano ha tenido una experiencia de nuevo nacimiento espiritual. Cuando consagramos nuestras vidas a Jesucristo somos nacidos de nuevo. El espíritu de Dios produce esa experiencia en nosotros. El Espíritu Santo nos regenera. Cuando uno nace físicamente, nace pecador por naturaleza y por acciones. La respuesta a nuestro problema y dilema espiritual es Jesucristo. Aceptamos la palabra del evangelio y un acto sobrenatural de Dios ocurre en nuestros corazones. Nicodemo estuvo junto a la cruz cuando Jesús murió, y aquel erudito llegó a ser un pecador redimido. Tuvo la experiencia del nuevo nacimiento. El momento del nuevo nacimiento nos trae una esperanza que continúa viviendo en nosotros.

C. La resurrección de Jesucristo es la base para una esperanza viviente. El pasaje nos recuerda que la base y el fundamento de nuestra esperanza es "la resurrección de Cristo de entre los muertos". La historia da testimonio de la vida y muerte de Jesucristo. La Biblia nos cuenta de los hombres malvados que mataron al Hijo de Dios. Lo clavaron en un madero. José de Arimatea y Nicodemo lo enterraron. El cuerpo físico de

Jesús volvió a la vida por el poder de Dios. Confiamos en un Señor resucitado y viviente.

La victoria de Cristo sobre la muerte eliminó las cadenas de desesperación que habían aprisionado a los apóstoles. Sus nubes de duda pronto se desvanecieron. Pedro y Juan corrieron a la tumba de Jesús tan pronto como oyeron que ya no estaba allí. Apenas podían creer lo que veían: ropas fúnebres cuidadosamente ordenadas en una tumba donde no había cuerpo alguno (Juan 20:1-7). Jesús había cumplido la promesa de su resurrección que había hecho muchas veces. No quedó prisionero de la tumba. Desde entonces todos los hijos de Dios pueden llenarse de esperanza a causa de aquel que llegó como "esperanza de Israel".

Desde que Jesús hizo el viaje al ámbito de la muerte y volvió, sabemos que hay un "más allá". Nos gozamos en esta esperanza debido a su viaje triunfal. No hay nada de horroroso, temible, engañador o muerto en esta esperanza. Es algo vivo.

II. Alabemos al Señor por una herencia perdurable

Muchos siglos atrás Abraham y sus descendientes recibieron de Dios la promesa de un hogar en una nueva tierra. Tenían su mirada puesta en la esperanza de esa deseada región. El cristiano entiende que la Palabra de verdad nos habla de una herencia eterna para todos los creyentes. Debemos entusiasmarnos al pensar en la herencia que Dios tiene para nosotros. El cielo con todas sus maravillas y gloria debe captar la atención del mundo entero. La Biblia nos dice que nuestra herencia es grandiosa.

A. Nuestra herencia es incorruptible. Es lo contrario de todo lo terreno que perece o decae. Aun el cuerpo humano algún día quedará exento de la muerte y la corrupción. Cuando Jesús vuelva, dará nueva vida a nuestros cuerpos redimidos. Esos cuerpos físicos serán cambiados a su imagen, o sea que serán glorificados.

Ante la realidad de la muerte que asusta a unos y entristece a otros, podemos ver el otro lado. La muerte ha de morir. La muerte nunca es la palabra final para el cristiano. Hay una vida más allá de la tumba, más gloriosa que lo que podemos imaginar. El cielo no será saqueado por ninguna fuerza enemiga que pueda tocarnos aquí.

B. Nuestra herencia es incontaminable. Esto es que nunca tendrá una mancha. Las ciudades tienen problemas con la basura. La Nueva Jerusalén nunca enfrentará ese problema.

La contaminación llega al corazón de la humanidad. La lucha lleva al mundo a una encrucijada de la que nadie sale incontaminado. Sin embargo, las manchas y la contaminación nunca alcanzarán el cielo. Nuestra herencia es eterna y perfectamente pura.

C. Nuestra herencia no se desvanece. Ese es el significado de la palabra "inmarcesible". No disminuye en calidad o valor. El follaje y las flores se secan. Los brotes y los botones se marchitan. El ciclo de nacimiento, crecimiento y muerte llega a ser una parte de todo lo que vemos o experimentamos. Pero llegará un día cuando todo el marchitarse será quitado de nuestra vida y mantendremos nuestro vigor, nuestra belleza, nuestra vida que nunca sufrirá una pérdida.

D. Nuestra herencia está reservada. Este pasaje nos dice que "está reservada en los cielos para vosotros". Nadie puede quitar al cristiano lo que Dios ha reservado para él. Nadie puede privarnos de la morada que Jesús está preparando para nosotros. El cielo es la caja de seguridad para los valores del cristiano. Jesús dijo que tenemos nuestros tesoros en los cielos donde están fuera del alcance de ladrones, de la polilla y del polvo (Mat. 6:19-21). Algunos tendrán realmente una caja de depósito bien llena cuando lleguen a la gloria. ¿Qué ocurrirá con cada uno de nosotros? ¿Cuál será nuestro mérito en ese día? ¿No nos dan deseos de alabar al Señor por nuestra herencia?

III. Alabemos al Señor por nuestra seguridad

Dios nos proporciona toda la ayuda que necesitamos. Esto aleja todo temor o ansiedad. De ese modo, el cristiano puede elevar su alabanza al Señor, quien nos da una esperanza viva, una herencia perdurable y una ilimitada seguridad.

A. Estamos seguros a causa del poder de Dios. Ser "guardados por el poder de Dios" (v. 5), se refiere a todos los cristianos. ¿Quién nos guarda? El pasaje dice que Dios. ¿Cómo lo hace? Es el mismo poder divino que permanece alrededor del cristiano asegurando su bienestar. De hecho, lo que Pedro dice implica que somos guardados en el centro de la esfera de su poder. Esto significa que estamos en el centro de su atención. ¿No sentimos deseo de alabarle por eso? Dios nos está observando y cuidándonos.

Durante los inicios del ministerio en Jerusalén, Herodes arrestó a Pedro. Dieciséis hombres lo vigilaron (Hech. 12:4), cuatro por turno. Dos de los guardias a los que Pedro estaba encadenado se durmieron, y Pedro también se durmió. Mientras todos dormían Dios actuó, y las leyes físicas quedaron de lado, de modo que el encadenado apóstol salió en libertad.

B. Estamos seguros debido a nuestra fe personal. Sí, la fe personal es parte componente del cuidado poderoso y continuo de Dios. ¿Será puesta a prueba nuestra fe? Sin duda habrá muchos golpes y pruebas. Jesús dijo a Pedro: "Pero yo he rogado por ti, que tu fe no falle" (Luc. 22:32). Esas palabras se aplican a nosotros. Hebreos 7:25 nos recuerda que Jesús siempre nos protege por medio de sus oraciones. Somos cuidados por la guarnición más poderosa: el poder de Dios por medio de la fe.

¿No es suficiente lo que se nos ha dicho? En razón de todo lo que Dios hace por nosotros, ¿no hemos de alabarlo? Gracias a Dios por la esperanza, herencia y seguridad que todo cristiano puede declarar suya por medio de la fe. Si a alguien le falta lo que Dios ofrece, le falta lo que hace valiosa la vida por el tiempo y la eternidad. ¿Podemos correr ese riesgo? Yo creo que no.

Preguntas

1. ¿Qué significa que Dios sea "bendito"?
2. ¿Qué significa la misericordia? ¿Cuánta misericordia nos demuestra Dios?
3. ¿Cómo se explica la palabra "renacer" en el contexto de 1 Pedro 1:3?
4. ¿En qué gran hecho histórico se funda nuestra fe?
5. ¿Podemos nombrar cuatro características de la herencia del cristiano?
6. ¿Quién cuida al cristiano? ¿Cómo lo hace?
7. ¿Qué parte le corresponde hacer al cristiano en cuanto a su propia salvación?
8. ¿Cuándo será revelada la salvación perfecta?

DATOS PARA EL ARCHIVO:
Fecha: ____
Ocasión: ______________________________________
Lugar: ____

4

Las pruebas de la vida

En esto os alegráis, a pesar de que por ahora, si es necesario, estéis afligidos momentáneamente por diversas pruebas. 1 Pedro 1:6

Si a uno de nosotros le ofrecieran una larga vida y una buena salud, ¿la tomaría? La opinión médica moderna acepta la idea de que la risa y una actitud mental positiva reducen la tensión y contribuyen a una mejor salud tanto psíquica como física. Proverbios 17:22 dice: "El corazón alegre trae sanidad."

I. Los cristianos deben ser felices

Primera Pedro 1:6 dice que ahora nos alegramos. Este tipo de gozo significa algo profundo, que llena el alma. La desesperación y la tristeza deben ser eliminados de la vida del cristiano cuando piensa en su elección por parte del Padre, su redención por el Hijo y su vida de victoria en el Espíritu Santo, junto con el amanecer de una edad eterna de bendición. El pensamiento de una redención completa da vigor y entusiasmo.

Pero la vida no siempre es fácil y grata. En esta existencia terrena, las dificultades son inevitables. El eminente escritor inglés Scroggie dijo: "Cristo no ha prometido un recorrido suave sino sólo una llegada feliz." En medio de una vida llena de alegrías, es necesario saber que también pueden venir tiempos difíciles. La frase "si es necesario" habla de la necesidad moral de las pruebas. Una persona puede tener una fe genuina, pero eso no es una garantía de que la vida estará libre de problemas. Nuestro Señor enfrentó pruebas terribles. ¿Nos imaginamos que podríamos pasarnos sin ellas? Quizá todo cristiano deba pasar por el "horno de la prueba".

La expresión “en diversas pruebas” en el versículo 6 se refiere a la variedad de las pruebas que pueden llegar. Se está hablando más bien de pruebas que de tentaciones. No se trata de atractivos del mal, sino más bien a la prueba del carácter de la fe. La idea es la de que la fe de alguien soporta la presión para poner a prueba la calidad de su genuinidad.

La persecución puede ser una prueba que debemos enfrentar. Probablemente Pedro escribió su primera carta desde Roma. Nerón gobernaba como emperador durante esos tiempos tormentosos para los primeros cristianos. En el verano del año 64, un incendio arrasó la ciudad de Roma. Se dice que el fuego fue comenzado por el emperador. El fuego ardió sin control por tres días y tres noches. El perverso Nerón acusó a los cristianos, usándolos como “chivos expiatorios”. Como consecuencia, los cristianos de Roma enfrentaron una intensa persecución debido a la manía de Nerón. Algunos creyentes fueron crucificados. A otros los cubrieron en pieles y se lanzaron contra ellos perros feroces que los destrozaran. Algunos santos de Dios fueron metidos en sacos llenos de material combustible y Nerón iluminó sus jardines por la noche con aquellas “antorchas” vivientes. Sin embargo, los historiadores dicen que no hubo una importante purga política, sino más bien una espasmódica persecución pagana que estalló en tiempos de Pedro, quien escribió su carta para alentar a los que enfrentaban cualquier tipo de pruebas.

En muchos lugares hay que pagar un precio alto por la fe. Muchos predicadores y laicos, conocidos y desconocidos, sufren difamación y dolor a causa de su testimonio. El mismo Billy Graham ha enfrentado a periodistas que le critican después de una cruzada. A veces parecen fiscales acusadores buscando alguna falta en los embajadores del Señor. Los que dan testimonio de Cristo y predican su mensaje se encuentran ante días difíciles. En un futuro próximo, la persecución a causa de la fe en Cristo puede ser algo común para muchos.

II. La enfermedad física puede ser una prueba que enfrentan algunos

En Segunda Pedro 1:14, el apóstol nos dice: “Sé que dentro de poco tengo que dejar mi frágil morada.” Muchas veces su cuerpo se cansaba y le dolía. A los soñolientos apóstoles en Getsemaní Jesús les dijo: "El espíritu, a la verdad, está dispuesto; pero la carne es débil" (Mat. 26:41). En 2 Corintios 5:4, Pablo escribió: "Los que estamos en esta tienda gemimos agobiados." Nuestro cuerpo actual es temporario, pero será glorificado.

¿Puede Cristo obrar un milagro en el cuerpo? Sí, puede hacer todo lo que le plazca. Pero cuando Adán cayó, toda la humanidad sufrió por esa caída. La fe no nos libra del dolor físico.

El Apóstol de los Gentiles escribió sobre un "aguijón en la carne" que Dios no le había quitado (2 Cor. 12:7-9). Desde una solitaria celda de condenado, Pablo escribió: "A Trófimo lo dejé enfermo en Mileto" (2 Tim. 4:20). La fe no sanó al amigo del apóstol. Dios nunca prometió que él sanaría todos los males físicos ni que secaría todas las lágrimas hasta que lleguemos a su presencia en el paraíso. La enfermedad de una persona no es señal de incredulidad, así como tampoco una buena salud es prueba segura de fe.

A todos nos gusta tener buena salud. Sin embargo, esa no es la realidad. Vayamos a un instituto geriátrico y veamos lo que queda de quienes llevaron en un tiempo vidas hermosas. Visitemos una casa fúnebre y veamos cómo la tragedia se ha llevado a algunos hijos de Dios quizá por alguna enfermedad incurable. Vayamos a un hospital y lloremos al ver a algunos ansiando estar sanos, mientras que el Señor les susurra: "Bástate mi gracia." La enfermedad física puede ser una de tus pruebas. Si es así, agradece al Señor porque son pruebas limitadas y porque su ilimitada gracia basta.

III. Las relaciones personales pueden ser una prueba para algunos

En ocasiones es fácil relacionarse con otros, pero a veces ocurre lo contrario. Simón Pedro trató con personas dentro y fuera de la comunidad de creyentes. Veamos dos áreas de relaciones que él enfrentó, que también pueden ser nuestras áreas.

A. Las relaciones personales son un aspecto vital en la vida y trabajo diarios. Las historias de las primeras relaciones de Pedro con los líderes religiosos de Jerusalén son bien conocidas. Los saduceos se enfurecieron contra él porque predicaba a Jesús y su resurrección de los muertos (Hech. 4:2). Ese fuerte grupo religioso no creía en la resurrección física. Junto con otros líderes hebreos, como los escribas y fariseos, los saduceos rechazaban a Jesús como Mesías. El sanedrín, la corte más alta de la justicia hebrea, se componía de setenta y un miembros que se oponían al movimiento cristiano. Cuando Simón Pedro predicó la resurrección de Cristo y el señorío de Jesús, de hecho estaba desobedeciendo las órdenes dadas por el sanedrín. Los miembros de esa corte hicieron golpear a Pedro y le ordenaron que no volviera a hablar en el nombre de Cristo (Hech. 5:40). Su profunda fe a menudo impulsó al apóstol a conflictos con los líderes religiosos. Nunca buscó esos conflictos personalmente pero tampoco titubeó cuando llegaron.

B. Las relaciones personales son un aspecto vital de la vida familiar. No tenemos detalles sobre la vida familiar de Pedro. Al parecer se llevaba bien con su padre, hermano, esposa y suegra. Las relaciones con la "constelación familiar" pueden y deben ser hermosas. Son demasiadas las personas que tienen pleitos, malentendidos y disputas en este aspecto esencial. Si existen problemas en las relaciones con la familia, es necesario encontrar una solución. Son pocos los que se quedarían con una pierna quebrada o un dolor de cabeza sin prestarle atención. Si surge mala voluntad en las relaciones, hay que buscar ayuda. Afortunadamente, tenemos muchos recursos espirituales disponibles para las dificultades familiares. Debemos reconocer que el egoísmo es a menudo el mayor productor de problemas en las relaciones. Si estamos dispuestos de buena gana a ocupar un segundo plano y dejar que el otro ocupe el primer lugar, muchos problemas se solucionarán por sí mismos. La lectura de la Biblia, la oración y la adoración conjunta tienen poder curativo. La paciencia, el amor, el perdón, el aliento y la confianza son ingredientes vitales en todo tipo de relaciones.

La huida puede parecer la mejor alternativa en algunas relaciones, antes que una persistencia permanente en una situación al parecer desesperada. Sin embargo, el Señor puede "hacer todas las cosas mucho más abundantemente de lo que pedimos o pensamos" (Ef. 3:20).

IV. La muerte es una gran prueba para algunos

Los cristianos del primer siglo en el Asia Menor no se imaginaban que hubiera un tiempo en el que Pedro dejara su "tabernáculo". Tampoco los apóstoles pensaban en la muerte de Jesús. La experiencia de la cruz fue desoladora para los seguidores de Jesús. La muerte sigue siendo nuestro último enemigo. Siempre será una prueba hasta que se cumpla la promesa de que será sorbida por la victoria. Sin embargo, Dios puede mostrarnos que la agonía y la muerte pueden ser un tiempo en que el temor puede ser hecho a un lado y la victoria reconocida. Gracias al Cristo resucitado, puede haber triunfo en la prueba de la muerte.

V. La entrega total de la vida y las posesiones a Dios puede ser una prueba que enfrentan algunos

No hay indicación de que Pedro haya tenido una lucha íntima para dejar sus redes de pesca cuando Jesús lo llamó. Sin embargo, aquello debió ser una prueba. Amaba a su familia y a quienes habían trabajado con él en el Mar de Galilea. Aun cuando Pedro obedeció al llamado del Señor, es posible que haya pasado unos días pensando en las consecuencias. Jesús habló del tema un tiempo después cuando dijo a sus seguidores que quienes dejaran todo serían recompensados por su entrega a él (Mar. 10:28, 29). Jesús contestó la pregunta de Pedro sobre lo que significaba entregar todo para seguirlo. Del mismo modo, Jesús contesta nuestras preguntas.

Ninguno de nosotros escapará de las pruebas. Pero admitamos también que la fuerza y sabiduría humanas no son suficientes para evitarlas. Aceptémoslas con la conciencia de que Dios es mayor que cualquier prueba y que él puede darnos la victoria.

Preguntas

1. ¿Cuál debe ser la actitud del cristiano a pesar de las duras circunstancias de la vida, de acuerdo con el versículo 6?
2. ¿Son necesarias las pruebas?
3. ¿Nos traen las pruebas pena o pesadumbre?
4. ¿Qué significa el hecho de que hay variedad de pruebas?
5. ¿Cómo podemos distinguir entre pruebas y tentaciones?
6. ¿Podemos nombrar cuatro o cinco tentaciones que pueden llegarle a un cristiano?

DATOS PARA EL ARCHIVO:
Fecha: ______________________________
Ocasión: ______________________________
Lugar: ______________________________

5

El propósito de las pruebas

Para que la prueba de vuestra fe —más preciosa que el oro que perece, aunque sea probado con fuego— sea hallada digna de alabanza, gloria y honra en la revelación de Jesucristo. 1 Pedro 1:7

La mayoría de nosotros tememos que lleguen las pruebas. No deseamos el tipo de vida que tuvo Job cuando perdió sus posesiones, su familia y su salud. No queremos que Dios nos pruebe pidiéndonos hacer un gran sacrificio como cuando le pidió a Abraham que sacrificara a su hijo. Quizá no estemos listos para dejar nuestra tierra y a los seres amados. No queremos enfrentar un Getsemaní como lo hizo Jesús. Preferimos que los tiempos duros queden escondidos en la historia antigua. Sin embargo, *Dios permite que seamos probados*. Permite que las dificultades surjan en nuestro camino porque hay razones para ellas. El pasaje bíblico nos dice que las pruebas tienen un propósito.

I. Las pruebas pueden probar la fe

Las dificultades llegan a la vida y revelan qué tipo de fe tiene una persona. La fe puede ser espuria. Cuando golpean las dificultades, los seguidores superficiales dan la espalda. Algunos parecen mantenerse mientras brilla el sol y hay entusiasmo, pero se apartan cuando llegan las verdaderas pruebas. Son, como se dice, soldados sólo en el verano y patriotas cuando brilla el sol.

En el libro *El progreso del peregrino,* de Bunyan, hay un personaje llamado Inconstante, que seguía a Cristiano. Cuando los dos iban caminando, de repente cayeron en el Pantano de la

Desesperación. Inconstante comenzó a protestar contra Cristiano por no advertirle de aquel inconveniente. Finalmente se libró de la situación y se volvió a su casa a la Ciudad de Destrucción. Cristiano trepó con la ayuda de Evangelista y siguió su camino hacia la Ciudad Celestial. Aquella dura prueba demostró lo genuino de su fe.

¿Nos hemos fijado en las reacciones de la gente cuando llegan los tiempos difíciles? Algunos se amargan y se ponen quejosos. A los lados del camino siempre encontraremos gente que ha abandonado la lucha. Otros continúan, pero los quejosos con sus protestas se transforman en un tropiezo para otros. Los seguidores de tiempo limitado no son verdaderos discípulos. Los tiempos de prueba pueden separar a aquellos que hacen una profesión de fe ligera, de aquellos que son sus genuinos poseedores. La gente que toma en serio a Jesús se mantiene firme aunque el camino se ponga difícil.

II. Las pruebas pueden purificar la fe

En 1 Pedro 1:7 leemos sobre la prueba de la fe que es más preciosa que el oro que perece. Así como el oro pasa por un proceso para ser purificado, la fe es purificada al pasar por las pruebas. Dios las usa para eliminar todo lo que contamina la fe.

En el año 722 a. de J.C., Dios permitió que los asirios conquistaran Israel (diez tribus del Norte). Mucho después, en el 586 a. de J. C., los babilonios dominaron el reino del Sur (Judá). El Señor usó naciones malvadas para esclavizar a su pueblo elegido para purificar la fe de Israel. La idolatría les había corrompido. Después de setenta amargos años bajo yugos extranjeros, los hebreos se libraron para siempre de la esclavitud.

¿Sabemos de alguien cuya fe es impura debido al orgullo, la impaciencia, los excesos en la bebida, la testarudez, las conversaciones sucias o la duda? El sufrimiento y la prueba pueden ser el camino de Dios para producir una fe genuina y pura. Si queremos que nuestra fe sea fortalecida y purificada, Dios tiene preparadas pruebas que pueden servir para ese fin.

III. Las pruebas pueden hacer prosperar la fe

¿Cómo llegó Pedro a ser fuerte en su devoción a Jesucristo? Los tiempos duros le ayudaron a cambiar de un cobarde vacilante a un victorioso soldado de Cristo. Dios puso a prueba a

Abraham pidiéndole que sacrificara a Isaac, su hijo. Esa prueba produjo un incremento en la fe de Abraham.

Casi todos los cristianos dicen que quisieran una fe fuerte y creciente. Sin embargo, pocos se dan cuenta del precio que se debe pagar por ello. Puede parecer incongruente para casi todos los cristianos, pero las pruebas son necesarias para una fe productiva. Una fe fuerte es el resultado de una lucha victoriosa.

La fe sólida y creciente debe ser: "Hallada digna de alabanza, gloria y honra en la revelación de Jesucristo" (1 Ped. 1:7), por lo cual debemos prepararnos para días difíciles. Una prueba es la química espiritual que puede adornar la fe con alabanza, honor y gloria cuando Cristo vuelva. En consecuencia, los cristianos no deben protestar o quejarse cuando llegan experiencias adversas en el camino de la vida. Dios está obrando en nuestras vidas a través de ellas.

IV. Las pruebas nos hacen ver cuánto dependemos del poder de Dios para poder vivir en victoria

No podemos enfrentar la vida con nuestra propia fuerza o recursos. De hecho, la Biblia nunca habla de que deban ser los cristianos los que enfrenten los problemas. ¡Pero sí habla de que deben ser conquistadores! El camino para la conquista sólo es a través de Cristo.

La fuerza individual no es suficiente para nuestras necesidades. Simón Pedro sintió que él podía dominar la vida, aun cuando Jesús le advirtió que no era así. Le habló de las dificultades que se aproximaban y que sacudirían su capacidad humana para seguir siendo fiel. Pedro prometió a Jesús: "Aunque me sea necesario morir contigo, jamás te negaré" (Mar. 14:31). El jactancioso apóstol no podía vivir a la altura de su pretenciosa fe, y de hecho no lo logró. Fracasó miserablemente. Las pruebas nos enseñan que la vida debe ser rendida a Dios de modo que él, con su poder y a su manera, pueda actuar a través de nosotros y darnos la victoria.

El poderío acumulado de toda una nación no puede darnos una vida de victoria. Ni las naciones ni los individuos pueden vencer sin Dios. Todas las guerras de la historia humana son evidencia de que el poder militar tiene limitaciones. Llega el momento en que una nación derrota a otra, pero entonces la nación victoriosa es derrotada por una nueva fuerza. Todos los ejércitos del mundo no son suficientemente fuertes como para mantener alejados el caos y la destrucción. Cuando llegan las pruebas a los individuos y las naciones, debemos saber que la definitiva y final fuente de poder es el Señor Dios. Sólo él puede llevar al mundo lejos de su posible aniquilación. Cuando enfrentamos el peligro de una destrucción mundial, debemos permitir que esa prueba nos muestre que sólo el todopoderoso tiene la solución para los problemas que enfrentamos.

V. Las pruebas preparan al cristiano para el cielo

Esta vida presente es una escuela que nos prepara para la vida que no se acaba. Dios sigue usando todas las circunstancias de esta vida para desarrollar nuestro carácter. Moldea a su pueblo para que seamos realmente lo que debemos ser, a través de los días duros de la vida. Poco a poco Dios nos va transformando a la imagen de su Hijo. Quiere que tengamos más paciencia y amor, fortaleza y humildad, así como otras virtudes cristianas. Dios no es como algo que "cae" en nuestras vidas. Usa los hechos que nos acontecen para convertirnos en el pueblo que él quiere que seamos.

Los campos de entrenamiento militar existen para formar a los reclutas en el tipo de personal que deben ser. Entrenan hoy para estar listos para el futuro. El Señor nos está preparando para el futuro, así como para vivir la hora actual. No entendemos todo lo que Dios tiene para nosotros en la eternidad, pero sí sabemos que él nos está preparando para esa era sin fin. Las pruebas son usadas para prepararnos mejor para el cielo. Como Dios tiene un propósito eterno para nosotros, podemos permitirle que nos moldee de modo que seamos el tipo de gente que él desea.

Cuando nos llegan las pruebas, necesitamos saber que hay un Alguien muy especial que está con nosotros. Jesús nos dice que él nunca nos dejará ni nos olvidará. Dios camina con su pueblo en medio del fuego, la inundación y la tormenta. Debido a la presencia de Dios, el cristiano puede sentirse fuerte.

Cuandos nos amargamos por las pruebas, perdemos la batalla. Asumir una actitud estoica y simplemente "sonreír ante lo inevitable" es menos que cristiano. Pelear contra las pruebas es ajeno al cristianismo. Un cristiano debe aceptar la prueba con la comprensión de que Dios no abandona a su pueblo en los tiempos de necesidad.

Hace más de un siglo, Jorge Matheson enfrentó un día oscuro cuando supo que quedaría ciego. Una joven con la que estaba comprometido rompió su relación cuando se enteró de ello. Con el corazón quebrantado, el joven predicador fue a su casa y en la profundidad de su pena Dios le mostró un mayor amor y una mayor luz y alegría. En medio de su depresión y prueba, Matheson escribió un himno cristiano que ha alentado y fortalecido a muchos que han enfrentado tribulaciones. La primera estrofa dice:

¡Oh, Amor que no me dejarás!
Descansa mi alma siempre en ti;
es tuya y tú la guardarás
y en el océano de tu amor
más rica al fin será.

En nuestras pruebas Dios tiene un propósito divino que puede transformarse en un bien definitivo para su gloria. Podemos confiar en Dios cuando las pruebas son una parte de la vida, porque Dios trabaja por medio de su plan eterno a través de todas nuestras circunstancias.

Preguntas

1. ¿A qué se compara la prueba de nuestra fe?
2. ¿Qué dice Pedro que es mucho más precioso que el oro?
3. ¿Qué tres resultados surgirán de una fe genuina cuando Cristo vuelva?
4. ¿Podemos nombrar tres o cuatro ventajas que tiene una persona cuya fe es puesta a prueba?

DATOS PARA EL ARCHIVO:
Fecha: ______________________________
Ocasión: ______________________________
Lugar: ______________________________

6

Los cristianos y el Cristo invisible

A él le amáis, sin haberle visto. En él creéis; y aunque no lo veáis ahora, creyendo en él os alegráis con gozo inefable y glorioso, obteniendo así el fin de vuestra fe, la salvación de vuestras almas. 1 Pedro 1:8, 9

Simón Pedro y los demás apóstoles tuvieron el especial privilegio de vivir en comunión con Jesús durante tres años. Recorrieron con él los caminos de Galilea y Judea. Navegaron en una barca con Jesús en el Mar de Galilea. Lo vieron alimentar a miles de personas. Lo observaron llorar ante la tumba de Lázaro. Lo vieron sanar leprosos, cabalgar en un borrico, caminar sobre el agua y trepar una montaña. Lo vieron en el Monte de la Transfiguración en medio de una luz resplandeciente. Lo oyeron cuando enseñaba a las multitudes y lo vieron conmovido al tratar con notorios pecadores. Cuarenta días después de su resurrección de entre los muertos miraron cómo Jesús ascendía a la presencia del Padre celestial. El alma humana se sacude hasta lo más profundo cuando pensamos en una relación de ese tipo.

Jesús ahora es invisible. No lo vemos con nuestros ojos físicos porque su presencia corporal ya no está con nosotros. Y sin embargo, Jesús está tan vivo y es tan real ahora como siempre lo ha sido. Su ausencia física de ninguna manera niega su realidad. El pasaje nos recuerda que amamos a Jesús, creemos en él y recibimos vida de él. Hay en el pasaje cuatro verbos que describen la poderosa relación que todo cristiano tiene con Jesús: amar, creer, alegrarse y obtener. Examinemos el significado de estos cuatro verbos.

I. Amamos a Jesús

El texto dice: "A él le amáis sin haberle visto." El amor hacia Jesús no depende de que le veamos. Recordemos que cuando Jesús le preguntó a Pedro si realmente lo amaba, él hizo la pregunta tres veces. Aunque Pedro falló en la prueba, seguía amando al Señor. La historia posterior lo demuestra. Amamos a Jesús por las mismas razones por las que Pedro le amaba.

A. Amamos a Jesús porque él nos ama a nosotros. No podemos negar el hecho del amor de Cristo. ¿Por qué él habría de abandonar el cielo y venir a la tierra si no nos amara? ¿Por qué habría de morir en la cruz y por qué habrá de volver por nosotros si no nos tuviera un amor infinito? La Biblia declara: "Nosotros amamos porque él nos amó primero" (1 Jn. 4:19).

B. Amamos a Jesús por la magnitud de su personalidad. La frase: "a él" se refiere a Jesús. ¡Jesús es el Señor! El Evangelio de Lucas nos cuenta sobre una invitación a comer que él aceptó de parte de unos fariseos. Mientras el grupo estaba sentado a la mesa, una bien conocida mujer pecadora irrumpió en el lugar de la comida. Lavó los pies de Jesús con sus lágrimas y luego los ungió con un costoso ungüento, secándolos con sus cabellos (Luc. 7:36-38). ¿Por qué esa mujer se metió en un grupo selecto de gente y actuó de esa manera con Jesús? La grandeza y maravilla de la vida de Jesús la había sobrecogido. Se sintió atraída a Jesús a causa de su grandeza. Hasta hoy seguimos admirados por aquel Hombre de Galilea.

C. Amamos a Jesús por su santidad. Nunca cometió un error. Nunca pecó. Pensemos en su humildad. Aun cuando es el Rey de reyes y Señor de señores, se lo describe como "manso y humilde de corazón". Pensemos en su valor cuando enfrentó a sus críticos vez tras vez sin titubeos. Mantenía plenamente su compostura y total firmeza interior delante de todos los que le atacaban o acusaban. Estaba "lleno de gracia y paz" Tenía fortaleza física, así como poder mental y espiritual.

Nuestro amor por Jesús debe ser real porque él nunca falla. Jesús nunca nos desilusionará. Los ingenieros diseñan puentes que a veces se caen por el desgaste. Los líderes pueden ser motivo de desaliento para algunos. Pero Jesús nunca falla. Podemos estar seguros de que amamos a Alguien que nunca nos falla.

II. Creemos en Jesús

El pasaje declara: "En él creéis." Creemos en el Cristo invisible. ¿Nos damos cuenta de lo que significa creer en Jesús? En un comentario se explica correctamente: "Creer en Cristo es descansar en aquel que es todo lo que ha declarado ser. Es rendir el propio yo a Cristo." Durante la última cena, uno de los apóstoles apoyó su cabeza en él (Juan 13:23). Ese hecho físico de reclinarse en Jesús nos recuerda nuestra profunda necesidad de descansar espiritualmente en Jesús. Realmente podemos creer en él y dejar en sus manos nuestros problemas.

A. Creemos en Jesús en razón de su presencia. Nada puede separarnos de él. Pueden construirse barreras o muros para separar a una persona de otra o a un pueblo de otro. Pero Jesús penetra en todo rincón de la faz de la tierra y no hay poder que le pueda mantener lejos de su pueblo. Aun cuando una gran distancia separaba a Simón Pedro de aquellos a quienes escribía su primera carta, él aún vivía en medio de ellos.

Nuestra fe está puesta en aquel que está siempre con nosotros. Seamos mayoría o minoría; en días fáciles o difíciles; si vienen batallas y tormentas, él está siempre con nosotros.

B. Creemos en él por lo que ha hecho:

1. El suple nuestras necesidades. Es la respuesta en todo. Si alguien pide una respuesta específica, él puede actuar en nuestra vida, por lo que declaramos: "Jesús es la respuesta a todo."
2. Jesús perdona los pecados. El pecado de la incredulidad, de la duda, del temor, de la envidia, del odio y todos los demás tienen su solución en Cristo. Si alguno desea perdón del pecado, la puede encontrar en el que perdonó a Simón Pedro.
3. Jesús responde a la profunda necesidad de paz en el corazón humano. Antes de su muerte en la cruz, Jesús consoló a sus seguidores con estas palabras: "La paz os dejo, mi paz os doy. No como el mundo la da, yo os la doy. No se turbe vuestro corazón, ni tenga miedo" (Juan 14:27).
4. Jesús da sentido a aquellos que creen en él. En Juan 10:10, el Salvador declaró que había venido para que tengamos vida y vida en abundancia. Cada generación necesita reconsiderar lo que Cristo ofrece. Una de las dificultades actuales en todos los estratos sociales es el sentido de abandono, soledad e incertidumbre.

III. Nos alegramos

Cuando una persona es redimida por Jesús una nueva alegría llena su vida. El versículo 8 nos recuerda nuestra herencia de gozo. El pasaje tiene un gran significado: "Os alegráis con gozo inefable y glorioso." El plural se refiere a todos los creyentes porque todos deben sentirse gozosos. No tenemos una alegría limitada, pasajera, sino algo que es universal. Todo el pueblo de Dios debe experimentar esa alegría.

A. Nuestro gozo es algo que se experimenta ahora mismo. No sólo vamos a ser felices "en el dulce porvenir", sino que lo somos en medio de las complejidades actuales de la vida.

B. Nuestro gozo es algo profundo. Las palabras del pasaje son impresionantes: "Os alegráis con gozo." Es como un éxtasis, un arrobamiento, algo incontenible. Surge de lo más íntimo. Pedro dice que es un gozo "inefable" o sea que no se puede expresar con palabras.

C. Nuestro gozo es perfecto. Está lleno de gloria. Tiene el brillo y el esplendor del cielo. Los discípulos experimentaron ese tipo de gozo. Cuando Jesús se levantó de los muertos, "los discípulos se regocijaron cuando vieron al Señor" (Juan 20:20). Había vencido a la tumba. La base para una alegría perfecta es el Cristo viviente. La alegría que el mundo trata de ofrecer es algo fragmentado y roto que enseguida pierde su brillo. Aun en su mejor momento, es algo transitorio. El gozo del Señor es eterno y perfecto porque tiene sus raíces en el Cristo invisible.

Nuestra vida, servicio, testimonio y discipulado deben ser actos de gozo sagrado. Algo anda espiritualmente mal cuando caemos en un síndrome de desastre. Si la vida en el más allá será de gozo sin fin, entonces los cristianos necesitan abrir sus vidas a una porción mayor de la alegría de Dios en el día de hoy. El Cristo invisible da alegría a su pueblo que está correctamente relacionado con él.

IV. Y también obtenemos

De parte del Cristo invisible recibimos la salvación. El pasaje dice: "Obteniendo así el fin de vuestra fe, que es la salvación de vuestras almas." Tenemos un Dios de quien obtenemos cosas (Isa. 55: 1, 2; Ef. 2: 8, 9). Jesús recordó a sus discípulos que ellos no lo habían elegido a él, sino que era él quien los había escogido a ellos (Juan 15:16). ¿De qué estamos hablando cuando mencionamos la salvación de nuestras almas?

A. Obtenemos una salvación que es parte esencial de nuestra experiencia. No sólo existe el hecho histórico de la cruz, sino también una experiencia de vida unida con Cristo, quien dio su vida por nosotros en la cruz. Una relación dinámica se establece entre él y nosotros. Sabemos de una fe que es real y de una redención que es verdadera. El Cristo invisible es alguien que puede ser recibido y experimentado por todos.

B. Obtenemos una salvación que es perdurable. Nada nos separará del amor de Dios que es en Cristo Jesús (Rom. 8:35-39). Somos sus ovejas, oímos su voz y le seguimos hasta la vida eterna (Juan 10:27-30). La vida cristiana no muere durante nuestra peregrinación terrenal y no se desgastará ni perecerá cuando lleguemos a la era eterna con nuestro Señor.

C. Obtenemos una salvación que es completa: "La salvación de vuestras almas" se refiere al hombre en su totalidad. Toda la persona ha de conocer el efecto regenerador de Jesucristo. Cuerpo, alma y espíritu han de experimentar la salvación, la misma que será completa cuando ocurra la glorificación.

Aunque ahora no podemos ver a Jesús, podemos leer sus conmovedoras palabras: "Bienaventurados los que no ven y creen" (Juan 20:29). Un día glorioso el Cristo invisible se tornará visible a los ojos humanos. Nuestra relación con él ahora es verdadera. Nuestra futura relación será la de la vista. Alegrémonos de que el Cristo invisible ahora es conocido por su pueblo y que hemos de compartir nuestra vida con la del Cristo visible en ese estado eterno.

Preguntas

1. ¿Cuál puede ser una forma de describir a Cristo, de acuerdo con el versículo 8?
2. ¿Cuáles son los cuatro verbos que pueden usarse para describir nuestra relación con Jesús?
3. ¿Qué tipo de alegría tiene un cristiano? ¿La tiene cada uno de nosotros?
4. ¿Cuál es el resultado de nuestra fe en Cristo?

DATOS PARA EL ARCHIVO:
Fecha: ______________________________
Ocasión: ____________________________
Lugar: ______________________________

7

La mayor noticia de la historia

Acerca de esta salvación han inquirido e investigado diligentemente los profetas que profetizaron de la gracia que fue destinada para vosotros. Ellos escudriñaban para ver qué persona y qué tiempo indicaba el Espíritu de Cristo que estaba en ellos, quien predijo las aflicciones que habían de venir a Cristo y las glorias después de ellas. A ellos les fue revelado que, no para sí mismos sino para vosotros, administraban las cosas que ahora os han sido anunciadas por los que os han predicado el evangelio por el Espíritu Santo enviado del cielo; cosas que hasta los ángeles anhelan contemplar. 1 Pedro 1:10-12

¿Qué cosa podemos catalogar como un acontecimiento importante y que nos causa alegría? Podría ser un bebé que empieza a hablar o caminar, o algún descubrimiento científico.

A su vez, el surgimiento o elección de un político, la aparición de un cometa o un terremoto podrían ser las noticias que ocupen los titulares por un tiempo. Sin embargo, el éxito personal que es el acontecimiento más importante para algunos no es un tema que ocuparía los titulares de las noticias.

¿Es la historia de Jesús la mayor noticia que ha habido? Así lo pensaba Simón Pedro. Cuando el apóstol encontró a Cristo, tuvo una impresión mayor de la que había recibido sacando redes llenas de peces. La vida de Pedro con Jesús nunca fue aburrida. Fue excitante e impresionante. Cristo llegó a ser lo central en su vida. Primera Pedro 1:10-12 nos recuerda que los profetas anunciaron a Jesús, los apóstoles lo proclamaron y los ángeles lo admiraron. Jesucristo es la mayor noticia de la historia. Pongamos atención a esa notable historia.

I. Jesús es la noticia que los profetas habían anunciado anticipadamente

Durante siglos escribieron, observaron y esperaron al Ungido de Dios. Esperaban que él cumpliera su palabra sobre la salvación y liberación por medio de ese Mesías. Pero ¿de dónde obtuvieron tal información? Hay dos fuentes que se mencionan para ese conocimiento.

A. Una diligente investigación dio a los profetas luz sobre el Mesías que vendría. No eran personas ignorantes. Estudiaban, rebuscaban, trabajaban e investigaban. Literalmente el pasaje dice que los profetas investigaban los hechos sobre el Mesías. Dice que "inquirieron y diligentemente indagaron". Esto significa que examinaron y analizaron cada información posible en toda evidencia oral y escrita sobre el futuro Mesías. Ese tipo de estudio dio a los profetas un mayor entendimiento.

B. La inspiración divina les dio la información que necesitaban sobre el Mesías Salvador que vendría. En el versículo 11 leemos que se los "indicaba el Espíritu de Cristo que estaba en ellos". Sin duda, ése era el Espíritu Santo. Los profetas no sólo escribieron o fueron "arrastrados" por el Espíritu Santo (2 Ped. 1:21) sino que el mismo Espíritu de Dios hizo que se iluminara y agudizara su capacidad intelectual. El elemento divino combinado con el humano dio a los profetas del Antiguo Testamento su mensaje sobre el Rey que venía.

Los profetas hablaron de la gracia venidera de Dios. Sin esa gracia, la raza humana hubiera sido destinada a la muerte eterna. Cuando los profetas anticipaban la amorosa bondad de Dios, sus corazones se conmovían profundamente. Esas perspectivas los llenaban de reverencia, sorpresa y entusiasmo. Habría de ocurrir algo espectacular para el bien de los hombres. Dios perdonaría a los que se volvieran a él. La iniquidad sería eliminada. Una relación viva con Dios se establecería nuevamente. El día de la plena revelación de la gracia de Dios en Cristo estaba más adelante en el camino de la historia. Sin embargo, el sabor previsto de ese hecho futuro alentaba a los profetas de mucho tiempo atrás.

Los escritores de las Escrituras antiguas querían conocer quién sería el Mesías que ocuparía el trono como Señor sobre todos. ¿Cuándo asumiría el gobierno? ¿Cuándo sería realidad ese hecho que habría de cambiar la historia? Los profetas ansiaban conocer las respuestas, pero sólo recibieron una tenue luz de aquel que venía. El Espíritu Santo de Dios imprimió en la mente de los profetas sólo dos hechos básicos sobre la vida del Mesías: "Los sufrimientos de Cristo y las glorias que les seguirían."

Los *sufrimientos* de Cristo se refieren a su entrada en la historia humana y cómo experimentó el dolor y la muerte de la manera más abrumadora. La encarnación o "venida en carne" abarcó todos los hechos desde su maravilloso nacimiento virginal hasta su muerte sustitutoria.

El libro de los Salmos contiene profecías sobre los sufrimientos de Cristo (ver Salmo 22). Todo el sistema levítico de sacrificios apuntaba al "siervo sufriente". Del mismo modo, Isaías 53 cuenta la historia de la cruz de una manera inolvidable. Sin embargo, la cruz llegó a ser el hecho cumbre del sufrimiento en la vida de Cristo que hizo posible la redención del hombre.

Las *glorias* de Cristo incluyen su resurrección. Salmos 16:10 se refiere a ese hecho que determinó la historia: "Pues no dejarás mi alma en el Seol, ni permitirás que tu santo vea corrupción." Jesús sabía que la tumba no podía retenerlo.

Después de los sufrimientos en la cruz, Cristo volvió a aparecer en su cuerpo físico glorificado. Vez tras vez, "se presentó vivo, después de haber padecido, con muchas pruebas convincentes" (Hech. 1:3).

Jesús habló con sus seguidores. Comió con ellos. Lo tocaron, lo vieron y lo oyeron. Sus corazones se sentían extrañamente ardientes por su presencia. Aunque sus sufrimientos eran difíciles de soportar, sus glorias eran innegables. La resurrección habla abundantemente sobre sus glorias. Después de la cruz, vino la corona. Después de la tumba, Dios dio gloria a Jesús.

II. Jesús es la noticia que anunciaron los apóstoles

El nacimiento sobrenatural de Jesús es una parte de su anuncio. Su concepción se produjo por la acción del Espíritu Santo (Luc. 1:35). La encarnación de Jesús se presenta como uno de los milagros de todos los tiempos.

La vida sin pecado de Cristo también fue una parte integral de la predicación apostólica.

Un hecho central de la predicación del apóstol es el sufrimiento y la muerte de Jesús. Al comienzo de su ministerio de predicación, Pedro declaró que Jesús murió por el hombre pecador. "Y nosotros somos testigos de todas las cosas que él hizo... A él le mataron colgándole sobre un madero" (Hech. 10:39). Hizo un llamado a la gente para que se arrepintiera y recibiera al Señor crucificado como única esperanza de salvación. "Arrepentíos y convertíos para que sean borrados vuestros pecados; de modo que de la presencia del Señor vengan tiempos de refrigerio" (Hech. 3:19).

La resurrección de Jesús siguió teniendo un lugar principal en la predicación de todos los apóstoles. Esto es muy claro en el mensaje de Pentecostés (Hech. 2:24).

La ascensión de Jesús y su intercesión continua a la diestra del Padre llegaron a ser temas pertinentes en la predicación de los primeros seguidores de Jesús. Esa victoria sobre sus enemigos y la expansión mundial del mensaje vivo tiene su lugar vital e integral en toda la proclamación neotestamentaria (Hech. 2:35).

Lo que impresionó a Pedro fue que el evangelio de gracia incluye tanto a los gentiles como a los judíos. Cuando recibió el mandato de ir a predicar a Cornelio, un centurión romano, Pedro recibió una visión del "evangelio universal" tres veces antes de que pudiera creerlo (Hech. 10). Al final, la predicación de Pedro se hizo universal e incluyó a todos: "Todo aquel que cree en él recibirá perdón de pecados por su nombre" (Hech. 10:43).

El regreso de Jesús, la renovación del cosmos por su poder y un reino perpetuo llegaron a ser una parte de la predicación de los primeros apóstoles. Dieron testimonio de Jesús, la persona prominente de la historia.

¿Cómo anunciaron los apóstoles ese mensaje? ¿Con qué autoridad? La unción y el poder del Espíritu Santo descansaba sobre ellos. El Espíritu Santo los guiaba a todos ellos. Dios les dio entendimiento del mensaje de la vida perdurable.

III. Jesús es la noticia que admiran los ángeles

El evangelio del Hijo de Dios es tan emocionante que aun los ángeles del cielo ansían saber sobre él: "Cosas que hasta los ángeles anhelan contemplar" (1 Ped. 1:12). Ese deseo de los ángeles tiene la idea de alguien que espía, que mira, que rebusca. La misma forma verbal es usada en Juan 20:25 para referirse a la ocasión cuando Pedro corrió a la tumba de Jesús para ver si realmente estaba vacía. Así como Juan y Pedro miraron con curiosidad en la tumba vacía de Jesús, los ángeles siguen "espiando" para descubrir el significado pleno de la redención del hombre en Cristo.

Los ángeles visitaron Belén en el momento del nacimiento del niño Cristo. Uno de ellos dijo: "Que hoy, en la ciudad de David, os ha nacido un Salvador, que es Cristo el Señor" (Luc. 2:11).

Los ángeles se mantuvieron cerca de Cristo y le dieron aliento cuando sostuvo su lucha con Satanás (Mat. 4:11). Uno vino a consolarle en Getsemaní (Luc. 22:43). Dos ángeles se sentaron en el tumba vacía de Jesús para dar la noticia de que Cristo había resucitado tal como él lo había dicho (Juan 20:12).

¿Podemos ser indiferentes a la más grande noticia de la historia? Los profetas tenían un penetrante interés en ese mensaje. Los apóstoles nunca lo dejaron de lado. Los ángeles no fueron apáticos cuando se trataba de Cristo. No podemos darnos el lujo de descuidar y olvidar a aquél que es Dios en carne humana. Jesús es la mayor noticia de la historia. Los profetas, los apóstoles y los ángeles han dejado su testimonio sobre Cristo. Nosotros también podemos hacerlo, ¿verdad?

Preguntas

1. ¿Qué grupo especial del pueblo de Dios inquiría e investigaba sobre el Mesías que habría de venir?
2. ¿Qué don especial recibieron los profetas de parte de Dios de acuerdo con el versículo 10?
3. ¿En qué forma recibieron ayuda los profetas para descubrir lo relativo al Mesías que habría de venir?
4. ¿Qué dos aspectos importantes en la vida de Cristo señaló el Espíritu Santo a los profetas?
5. ¿Para quién era el mensaje de los profetas?
6. ¿Quiénes retomaron el mensaje de los profetas y dieron sobre él una completa información?
7. ¿Qué ayuda especial recibieron los apóstoles desde el cielo para su predicación?
8. ¿Qué grupo de seres tiene un desarrollado interés en la salvación del hombre?

DATOS PARA EL ARCHIVO:
Fecha: ______________________________
Ocasión: ______________________________
Lugar: ______________________________

8

¿Cómo tendrán vida?

Por tanto, ceñid los lomos de vuestro entendimiento, sed sobrios, y esperad por completo en la gracia que se os traerá cuando Jesucristo sea manifestado; como hijos obedientes, no os conforméis a los deseos que antes teníais estando en vuestra ignorancia; sino, como aquel que os llamó es santo, sed también vosotros santos en toda vuestra manera de vivir; porque escrito está: Sed santos, porque yo soy santo. Y si invocáis por Padre a aquel que sin acepción de personas juzga según la obra de cada uno, conducíos en temor todo el tiempo de vuestra peregrinación;... Habiendo purificado vuestras almas por la obediencia a la verdad, mediante el Espíritu, para el amor fraternal no fingido, amaos unos a otros entrañablemente, de corazón puro. 1 Pedro 1:13-17, 22 RVR-1960.

La preocupación expresada en el pasaje bíblico de este mensaje se relaciona con la conducta cristiana. Los versículos citados recuerdan a los cristianos las actitudes para permanecer espiritualmente alerta: obedecer a Dios, llevar una vida santa y tener una relación de amor unos con otros. Después de tan detallada presentación de cómo debemos vivir, desaparece todo interrogante en cuanto a ello. Las instrucciones al respecto son claras. Tomemos nota de estas tres indicaciones.

I. El cristiano debe estar espiritualmente alerta

Cuando leemos las palabras: "Ceñid los lomos de vuestro entendimiento, sed sobrios" (v. 13), el autor está pensando en que debemos tener los ojos espirituales totalmente abiertos. Pedro sabía de la dificultad de mantenerse despierto en el sentido físico. Se quedó dormido en el monte de la transfiguración y en el jardín de Getsemaní. Necesitamos algo más que estar alertas físicamente; también debemos estarlo espiritualmente.

La frase "ceñid vuestros lomos" tiene su historia. Cuando los hebreos se preparaban para dejar su esclavitud en Egipto, se les dijo que ciñeran sus ropas (Exo. 11). En aquellos tiempos, los hombres usaban largas vestiduras y por eso se las sujetaban con un cinto cuando necesitaban libertad de movimiento. La noche que Jesús estableció la cena en su memoria se ciñó, de modo que la ropa no fuera una molestia para lavar los pies de los discípulos (Juan 13). Ceñir los lomos del entendimiento implicaba ser disciplinado y estar alerta (despierto).

La persona espiritualmente despierta mira más allá del presente. Puede y sabe esperar "por completo en la gracia que se os traerá cuando Jesucristo sea manifestado" (v. 13). Esa bondad o gracia de Dios que gozaremos algún día, más allá de toda medida, está ahora cerca de nosotros. Esa esperanza de una salvación ya lista para ser revelada debe mantener despierto a todo cristiano. Los cristianos que permanecen alerta tienen una vida mental bien controlada y ponen la mira en el futuro cuando se complete la redención.

II. El cristiano debe obedecer al Señor

Los cristianos deben encontrar verdadero gozo y placer en hacer la voluntad de Dios, en obedecerle. Ser "hijos obedientes" (v. 14). Simplemente deben hacer lo que Dios les dice que hagan. El pasaje ofrece inferencias y aplicaciones relacionadas con la vida de obediencia. Consideremos tres sugerencias que nos vienen de la vida de Pedro.

A. Los cristianos deben perdonarse los unos a los otros. Un día Simón Pedro preguntó a Jesús cuántas veces debía perdonar a su hermano: "¿Hasta siete?" Jesús le contestó: "No te digo hasta siete, sino hasta setenta veces siete." (Mat. 18:22). La lección del perdón es difícil de aprender. Rezongos, resentimientos y falta de perdón son males que se albergan fácilmente en el corazón. Sin embargo, si vivimos en obediencia al Señor ¡podremos perdonar!

B. Los cristianos deben ser llenos del Espíritu Santo. Pedro y los demás apóstoles esperaron diez días en el aposento alto antes de Pentecostés. El Espíritu Santo llegó para llenar sus vidas y ocupar su lugar permanente en el corazón de la iglesia. Con demasiada frecuencia la vida es pálida y derrotada. Muchos cristianos llevan vidas subnormales. La presencia del Espíritu de Dios en sus corazones es un lenguaje que les resulta extraño. Sin embargo, el derecho de nacimiento del cristiano se basa en la plenitud del Espíritu. Como Noé, podemos andar con Dios. Como Ezequiel, podemos decir: "La mano del Señor era fuerte sobre mí" (Eze. 3:14). Como Simón Pedro, los cristianos de hoy pueden conocer el cumplimiento de la promesa de la presencia de Dios en su vida. Pedro conoció esa plenitud no sólo en Pentecostés sino a lo largo de toda su vida.

C. Los cristianos deben testificar de Cristo. Pedro estaba con los demás discípulos cuando Jesús les dijo: "Vosotros no me elegisteis a mí; más bien yo os elegí a vosotros, y os he puesto para que vayáis y llevéis fruto, y para que vuestro fruto permanezca" (Juan 15:16). Las palabras de Jesús y la salvación no están confinadas a un individuo solitario. Es la tarea de la iglesia: "Me seréis testigos." Tenemos la responsabilidad de salir y hablar. En las Escrituras se nos cuenta que Jesús habló con la gente donde ésta estaba, con sus problemas particulares. De manera similar nosotros debemos testificar de Cristo.

III. El cristiano debe vivir una vida santa

Primera Pedro 1:15, 16 nos recuerda que somos un pueblo santo. Los redimidos por Dios son llamados a ser puros, limpios y justos. La integridad y rectitud morales deben caracterizar la vida de todo cristiano. Somos santos debido a la redención de Dios y su obra santificadora en nuestras vidas. El pasaje dice: "Como aquel que os ha llamado es santo, también sed santos vosotros en todo aspecto de vuestra manera de vivir, porque escrito está: *Sed santos, porque yo soy santo*" (1 Ped. 1:15, 16). En el Antiguo Testamento la frase: "Seréis santos, porque yo soy santo" (Lev. 11:44), aparece cinco veces.

A. La santidad demanda una vida de justicia. Es la vida de Dios en nosotros. En su libro "Un llamamiento serio", William Law dice: "Podemos escoger una vida de casados o de solteros pero no nos ha sido dada la opción de si hemos de vivir o no una vida santa." La santidad no es una opción sino un mandamiento. La santidad es el imperativo divino para el cristiano.

B. La santidad debe ser vista en todas las áreas de la vida. El cristiano debe ser como Cristo o como Dios en todo lo que hace. Las relaciones comerciales deben ser éticas y espirituales. Los estudiantes deben dedicarse al estudio con honestidad. La santidad exige de los padres una dedicación total a sus responsabilidades hogareñas. Las relaciones entre empleados y empleadores deben estar permeadas con la justicia de Dios y la conducta santa que corresponde a todos. Los no cristianos recibirían un piadoso impacto si nosotros los cristianos realmente viviéramos como debemos. Un regreso a la vida llena de la santidad de Dios sin duda debiera cambiar el curso de la historia humana. Entonces, ¿cómo debemos vivir? El imperativo de Dios es: ¡en santidad!

IV. El cristiano debe vivir con reverencia y temor

El pasaje dice: "Conducíos en temor todo el tiempo de vuestra peregrinación" (v. 17 RVR-1960). La palabra que se usa para "temor" es *fobia.* Su uso básico se refiere a alguien que está impresionado, sorprendido o tiene una sensación de pánico. "La escala de reacciones va desde el terror y la ansiedad espontáneos hasta el honor y el respeto" No hemos de perder nuestro temor de Dios. Y sin embargo "el perfecto amor echa fuera el temor". Ese mismo amor produce respeto, honra, reverencia y sometimiento a Dios.

El cristiano debe vivir en temor y reverencia porque Dios es un juez imparcial: "Sin acepción de personas juzga según la obra de cada uno" (v. 17 RVR-60). En Hechos 10:34 Pedro dijo: "Dios no hace distinción de personas." Esto significa que él no mira con especial favor a nadie. "El hombre mira lo que está delante de sus ojos, pero Jehovah mira el corazón" (1 Sam. 16:7).

Dios juzga "según la obra de cada uno" (v. 17). Dios espera que cada uno de nosotros cumpla con su obra de manera honorable y que pongamos atención a ella. Desperdiciar el tiempo o cumplirla de manera descuidada es atraer el juicio de Dios.

V. Los cristianos deben amarse unos a otros

El versículo 22 de este pasaje dice que el cristiano debe estar ligado por el amor a otros. El hombre es cristiano en el pleno sentido de la palabra cuando responde al amor de Dios y reacciona con amor a los demás. Como Cristo vive en el corazón del creyente, el amor a los hermanos debe ser su estilo de vida. Jesús dijo: "En esto conocerán todos que sois mis discípulos, si tenéis amor los unos por los otros" (Juan 13:35). ¿Cómo describe la Biblia la forma en que un cristiano debe amar a otro?

A. El amor cristiano no es hipócrita. El amor cristiano es "no fingido" (v. 22). No hay falsa apariencia ni trampas en el amor fraternal. David y Jonatán gozaron de una relación plena y de apoyo mutuo. En su amistad nunca hubo hipocresía. Aun cuando el rey Saúl amenazó con matar a David, Jonatán, hijo del rey, siempre mantuvo su fuerte e indeclinable amor por éste. Por ese amor, Jonatán siempre defendió a David delante de Saúl y arriesgó su propia vida por el bienestar de aquél.

B. El amor cristiano es ferviente. Se debe amar "con corazón puro, fervientemente" (v. 22). El amor ferviente es intenso. A principios de su ministerio, cuando las autoridades de Jerusalén echaron a Pedro en el calabozo, la iglesia oraba fervientemente por él en casa de María (Hech. 12:5). La palabra que se usa allí es la misma que aparece en 1 Pedro. Este tipo de amor hace que una persona "se extienda" hacia los demás por el bien de los otros.

Entonces, ¿cómo debe vivir un cristiano? El creyente debe estar espiritualmente alerta. Debe obedecer al Señor. Debe vivir una vida santa. Debe vivir la vida con reverencia y temor y debe amar a otros. Pensemos que Dios nos equipa para que podamos vivir esa forma correcta de conducirnos. Podemos vivir con alegría y esperanza porque Dios está vivo dentro de nosotros.

Preguntas

1. ¿Qué significa estar espiritualmente alerta?
2. ¿Cuáles son las tres formas que describen a la persona que está espiritualmente alerta?
3. ¿Qué significa obedecer a Dios?
4. ¿Qué significa la palabra "temor" en el cristiano?
5. ¿Cuáles son la dos razones por las que el cristiano debe llevar su vida en temor, según Pedro?
6. ¿Cuáles son las dos formas en que Pedro dice que debemos amarnos unos a otros?

DATOS PARA EL ARCHIVO:
Fecha: ______________________________
Ocasión: ______________________________
Lugar: ______________________________

9

La sangre de Cristo

Tened presente que habéis sido rescatados de vuestra vana manera de vivir, la cual heredasteis de vuestros padres, no con cosas corruptibles como oro o plata, sino con la sangre preciosa de Cristo, como de un cordero sin mancha y sin contaminación. El, a la verdad, fue destinado desde antes de la fundación del mundo, pero ha sido manifestado en los últimos tiempos por causa de vosotros. Por medio de él creéis en Dios, quien lo resucitó de entre los muertos y le ha dado gloria; de modo que vuestra fe y esperanza estén en Dios. 1 Pedro 1:18-21

George Raft creció en un peligroso barrio bajo de Manhattan, Nueva York, al que denominaban "cocina del infierno". El soñador y joven bailarín pronto dejó su estado natal y se fue a vivir a California. Allí lo invitaron a hacer el papel de gángster en una película y él aceptó la oportunidad. Ganó millones de dólares como actor, pero al final de su carrera dijo: "Gasté el dinero en caballos, juegos y mujeres; todo lo malgasté locamente."

Alguna gente vive en una forma alocada. Una vida de vanidad y futileza es común a cualquier edad y en cualquier país. Simón Pedro habla de aquellos que van camino abajo en una "vana manera de vivir" (v. 18). Un estilo de vida "vano" significa que carece de significado. Un estilo de vida egocéntrico está lejos del ideal divino.

Jesús murió en la cruz y derramó su sangre para redimir a todos los que creyeren en él. ¿Hay forma de salir de la senda de futilidad? Sí, el hombre puede ser liberado. ¿Cómo llega esa liberación? Pedro nos recuerda que Dios pagó el precio supremo para la salvación del hombre. Jesucristo, el Hijo de Dios.

I. La sangre de Cristo es preciosa

Pedro escribe que la redención se logra "con la sangre preciosa de Cristo" (1 Ped. 1:19). ¿Esperaríamos a que un hombre rudo como Simón Pedro, un pescador, usara la palabra "preciosa"? Ha sido elegida porque describe el valor de esa sangre. Hechos 20:28 habla acerca del precio que Jesús pagó por la iglesia: "La cual adquirió para sí mediante su propia sangre." ¿De quién era esa sangre? ¡La de Jesucristo, el unigénito Hijo de Dios, quien dio su vida por la salvación del hombre. El precio es más costoso, más "precioso" que cualquier otro que se pudiera haber ofrecido por la redención del hombre.

La plata y el oro son valiosos. Los hombres han abandonado el confort y la seguridad de su hogar en busca de esos preciosos metales. En tiempos recientes su precio ha subido de manera exorbitante. El país o la persona que tiene una gran producción de oro es envidiado por otros, a pesar de que su precio fluctúa. Sin embargo, la sangre de Cristo nunca cambiará de valor pues éste está más allá de las palabras, ya que es el único medio por el que la redención es alcanzada por el hombre.

II. La sangre de Cristo es pura

El pasaje nos dice que Cristo es como: "Un cordero sin mancha y sin contaminación" (v. 19). Parece ser que el autor tenía en mente el episodio del éxodo cuando escribió esas palabras. Recordaba que los hebreos habían estado en Egipto como esclavos durante cuatro siglos. Había leído la historia de cómo Dios dijo a todas las familias hebreas que tomaran un cordero perfecto para sacrificarlo y derramar su sangre por encima y por los costados de los dinteles. A la medianoche, el ángel de la muerte pasaría por la tierra matando a los primogénitos en todos los hogares donde no se encontrara la sangre en el lugar indicado. Era necesario que se usaran corderos sin defectos. En caso de que el cordero fuera débil, enfermizo o lisiado, debía rechazárselo y seleccionar uno que fuera perfecto.

Jesús vino al mundo como el "cordero perfecto" de Dios. La gente trató de encontrar algo malo en la vida de Cristo, pero no pudieron. Los líderes religiosos escrutaron cada sermón y frase que él pronunciaba. Analizaban todas las relaciones de Cristo. Cambiaban el sentido de sus palabras. Buscaban en las Escrituras tratando de encontrar algo que él pudiera haber interpretado mal de la Palabra escrita o violado las leyes y estatutos del sistema religioso. Los celosos enemigos de Cristo, llenos de odio, no podían hacer caer al Hijo de Dios. Aun la esposa de Pilato confesó: "Hoy he sufrido muchas cosas en sueños por causa de él" (Mat. 27:19), y temblando Pilato declaró: "No he hallado ningún delito en este hombre" (Luc. 23:14).

La historia de la humanidad está llena de luchas y fracasos, victorias y derrotas. No hay nadie perfecto entre nosotros. Todos debemos confesar fallas, defectos, y pecados. Conocemos la historia de la caída. El hombre escuchó la voz del tentador y se alejó del camino de la perfección. Toda la creación sufrió en la caída, incluyendo el planeta tierra, que gime hasta el día de hoy a causa de la primera transgresión. A lo largo de los tiempos toda la humanidad ha seguido el camino de Adán luego de su caída (Rom. 8:22). Nacemos con una naturaleza pecaminosa y cometemos actos que deshonran a Dios. La Biblia declara la verdad en forma clara: "Porque todos pecaron y no alcanzan la gloria de Dios" (Rom. 3:23).

Jesús vive desde la eternidad, pues nunca hubo un tiempo en que no existiera antes de venir desde el cielo. Su comienzo físico fue distinto al del primer Adán. Nació de la Virgen María. El poder del Espíritu Santo le cubrió con su sombra y aquel que provino de una experiencia misteriosa, milagrosa y única era el Hijo de Dios. En Lucas 1:35 se nos dice de aquel hecho inusitado que culminó en el nacimiento del segundo Adán sin pecado.

Jesús vivió una vida perfecta. El demonio tuvo que abandonarle. No pudo lograr que el Salvador sucumbiera a sus astutos llamados. Dios siempre estuvo complacido con su Hijo. Nunca tuvo que andar como con Adán en el jardín del Edén y preguntar: "¿Dónde estás tú?" Jesús nunca desobedeció la voz de Dios. Ningún hombre encontró pecado en quien no hubo pecado alguno. Sus enemigos le acusaron. Sin embargo, todas esas acusaciones eran falsas. Nació sin pecado y vivió sin pecado. Hebreos 7:26 dice de él que fue: "Santo, inocente, puro, apartado de los pecadores y exaltado más allá de los cielos." No hay mancha ni falla que pueda ser descubierta en la vida de Cristo. En consecuencia, la sangre que él derramó por los pecadores es pura. Fue un sacrificio perfecto dado como expiación para cubrir nuestros pecados. De ese modo, todos los que llegan a Dios deben hacerlo a través del único Mediador (1 Tim. 2:5) que hizo que el pecador sea aceptable a Dios.

III. La sangre de Cristo es poderosa

Juan el Bautista anunció un mensaje que suena a través de los siglos: "¡He aquí el Cordero de Dios que quita el pecado del mundo!" (Juan 1:29). ¿Qué tipo de acto es necesario para quitar el mal de la humanidad? ¿Es algo que nosotros podamos hacer? ¿La obediencia a las leyes puede quitar la culpa del pecado? ¿Lavará el agua el pecado que está en lo hondo del corazón del hombre? El único remedio es la sangre de Cristo.

Corrie ten Boom, quien estuvo en uno de los campos de concentración nazi, es el personaje central de la película llamada "El Refugio Secreto" basada en el libro de ese mismo nombre. Esa gran dama cristiana decía que uno puede echar sus pecados en las profundidades del mar y poner un cartel diciendo: "Aquí no se pesca." Hay una gran verdad en la Biblia que dice: "El volverá a compadecerse de nosotros. Pisoteará nuestras iniquidades y echará nuestros pecados en las profundidades del mar" (Miq. 7:19). La sangre de Cristo tiene tanto poder que puede lavar las manchas de todos los pecados.

IV. La sangre de Cristo es una sangre predestinada

Primera Pedro 1:20 dice: [Cristo fue] "destinado desde antes de la fundación del mundo, pero ha sido manifestado en los últimos tiempos por causa de vosotros". La necesidad de redención del hombre no tomó a Dios por sorpresa. El Dios omnisciente sabía de antemano que el hombre trataría de arreglárselas solo. Antes de crear el universo y que el cosmos fuera un caos, Dios planeó la cruz. El Señor Dios hizo planes para redimir a su pueblo descarriado aun antes de la creación del hombre. Apocalipsis 13:8 declara acerca de Cristo lo siguiente: "Fue inmolado desde la fundación del mundo." Desde más allá de la eternidad el Dios trino sabía que Cristo vendría al mundo y daría su vida en sustitución por los pecadores.

En el día de Pentecostés Simón Pedro anunció lo que los profetas habían proclamado antes acerca de Cristo: "A este, que fue entregado por el predeterminado consejo y el previo conocimiento de Dios, vosotros matasteis clavándole en una cruz por manos de inicuos" (Hech. 2:23). El plan de Dios para las edades ha sido el perdón de los pecados del hombre por medio del precio de la sangre derramada de su Hijo unigénito. Debemos amar aún más a Dios al darnos cuenta de que él hizo preparativos eternos para dar vida a su pueblo. El cristiano se llena de admiración y reverencia al pensar en cómo su Salvador fue predestinado para su eterna salvación.

¿Es la muerte de Cristo el fin de la historia? No. Jesús murió pero no quedó muerto. Dios "lo resucitó de entre los muertos y le ha dado gloria; de modo que vuestra fe y esperanza estén en Dios" (1 Ped. 1:21). La muerte no podía retenerlo. Dios el Padre levantó a Jesús de los muertos y le coronó con su gloria, dando así a los cristianos una esperanza perdurable.

La cruz expresa el amor de Dios por el hombre. Jesús nunca consideró demasiado el precio de su propia sangre para la redención del pecador. El llevó nuestros pecados en su cuerpo sobre el madero. Su sangre derramada significa un seguro camino de redención y de vida eterna para todo creyente. La persona que rechaza el sacrificio divino pierde la vida eterna. Todos los que aceptan el perdón por medio de la sangre del Hijo tendrán una total limpieza de sus pecados. ¿Es que alguien puede permitirse hacer a un lado la vida que Dios ofrece?

Preguntas

1. ¿Cuál es la palabra usada el versículo 18 que habla del precio pagado por nuestra salvación?
2. ¿Cuáles son los dos metales preciosos que carecen de valor en relación con la redención del hombre?
3. ¿Qué palabra se usa para describir la sangre de Cristo?
4. En el lenguaje metafórico, ¿con qué animal usado en los sacrificios es comparado Cristo?
5. ¿Cuándo fue formado el plan de la muerte de Cristo?
6. ¿Qué dos hechos ocurrieron en relación con Jesús después de su muerte, de acuerdo con 1 Pedro 1:21?
7. ¿Qué beneficios garantizan al creyente la crucifixión y resurrección de Jesús, tal como se afirma en la última parte del versículo 21?

DATOS PARA EL ARCHIVO:
Fecha: ______________________________
Ocasión: ______________________________
Lugar: ______________________________

10

El mejor libro de todos los tiempos

Pues habéis nacido de nuevo, no de simiente corruptible sino de incorruptible, por medio de la palabra de Dios que vive y permanece. Porque: Toda carne es como la hierba, y toda su gloria es como la flor de la hierba. La hierba se seca, y la flor se cae; pero la palabra del Señor permanece para siempre. *Esta es la palabra del evangelio que os ha sido anunciada. Habiendo pues dejado toda maldad, todo engaño, hipocresía, envidia y toda maledicencia, desead como niños recién nacidos la leche espiritual no adulterada, para que por ella crezcáis para salvación; puesto que habéis probado que el Señor es bondadoso.* 1 Pedro 1:23-25; 2:1-3

Durante la guerra de la independencia norteamericana, Benjamín Franklin fue a Francia para buscar ayuda para la nueva nación. Mientras estaba en París, recibió una invitación para hablar a una organización de ateos.

El dinámico estadista de setenta y un años aceptó la invitación. En su discurso contó la historia de amor del Antiguo Testamento sobre Rut y Boaz. El grupo preguntó: "¿Dónde encontró esa fantástica historia?" Frankin contestó: "En el libro que ustedes están tratando de destruir."

La Biblia es la Palabra inspirada por Dios. El pasaje que estudiaremos deja bien claro que la Biblia es el mejor libro de todos los tiempos, por tres razones:

I. La Biblia es permanente

La pretensión de que un libro va a perdurar para siempre es una extravagancia. Sin embargo, la Palabra de Dios lo dice con respecto de sí misma: "La Palabra de Dios que vive y permanece" (v. 23).

La palabra que señala el carácter de algo vivo para la Biblia es la misma que aparece por ejemplo en "zoología". Significa una vida plena, con vitalidad. La Escritura es viviente, permanente, activa. Es fresca y vigorosa. La muerte no tiene poder sobre la Palabra de vida.

Cuando la crítica usa su agudo cuchillo contra la Palabra de Dios, el cristiano no tiene porqué temblar. La Palabra de Dios ha soportado todos los ataques. Ningún enemigo ha podido exterminar una línea de la infalible Palabra de Dios. Carlos H. Spurgeon, el famoso predicador inglés, dijo: "La Biblia es como un tigre. Dejémosla suelta y se defenderá sola. La Palabra de Dios, inspirada por el Espíritu Santo, nunca perecerá."

La gloria de los hombres y las naciones es de corta duración. Pedro dijo: "Toda carne es como la hierba, y toda su gloria es como la flor de la hierba" (v. 24). La gloria y la majestad del hombre es breve. La gente se olvida pronto de "la belleza de Grecia y la gloria de Roma", para citar lo que se comentaba en tiempos del apóstol.

En el Salmo 119:89 leemos: "Para siempre, oh Jehovah, permanece tu Palabra en los cielos." Jesús dijo: "El cielo y la tierra pasarán, pero mis palabras no pasarán" (Mat. 24:35). Ciertamente la Biblia es algo permanente.

II. La Biblia purifica a aquel que cree en ella

Esta es otra razón para decir que la Biblia está por encima de todos los demás libros. En el Salmo 119:9 se hace una buena pregunta: "¿Con qué limpiará el joven su camino? Con guardar tu palabra." Jesús habló del efecto purificador de la Palabra de Dios, diciendo: "Ya vosotros estáis limpios por la palabra que os he hablado" (Juan 15:3). En su oración en Juan 17:17, Cristo dijo: "Santifícalos en la verdad; tu palabra es verdad."

El cristiano sabe que la sangre de Cristo limpia todo pecado. Sin embargo, en otro sentido de la palabra, podemos decir que la Biblia purifica al pecador. Dios nos dice qué debemos hacer cuando leemos su Palabra. Al obedecerla, se produce una purificación y una limpieza.

Primera Pedro 2:1 contiene un mandamiento que nos insta a desechar algunos pecados. Dejar la práctica del pecado es una obligación indicada por la Biblia. No se trata de una opción para hacer lo que uno desee. Hay órdenes de Dios de hacer lo que se debe. "Desechar" significa quitarse o arrancarse los malos hábitos. Una imagen adecuada es la de quitarse las ropas sucias para ponerse otras nuevas y limpias.

La malicia (maldad, mala voluntad) debe ser hecha a un lado. No debe tener cabida en el corazón de ningun cristiano. La Biblia nos dice que el que tiene malicia en su corazón debe arrancarla lo antes posible. Si uno da lugar a la malicia, y la alimenta, el pecado florecerá como la vegetación en las selvas tropicales. La Biblia nos dice que no debemos permitir que el pecado permanezca en nosotros. Debemos eliminarlo y hacerlo desaparecer para siempre. Según la Biblia *toda* malicia debe ser puesta fuera de la vida.

El engaño debe ser hecho a un lado, pues implica fraude y decepción. Cualquiera que tiene su vida manchada o salpicada de esa manera es un engañador. Repetimos que *todo* engaño que aparezca entre las personas debe ser removido.

La Biblia nos anima a hacer a un lado todo engaño. La vida debe ser embellecida por la honestidad y la integridad y no afeada por el engaño. Jesús dijo de Natanael que era un israelita en el que cual no había engaño (Juan 1:47). ¿Puede decir lo mismo sobre nosotros?

La hipocresía debe ser hecha a un lado. La raíz de esta palabra tiene una historа interesante. Se hizo famosa por su referencia a los actores en la antigua Grecia. Generalmente éstos usaban una máscara, una cara falsa, al interpretar su papel. Cuando terminaba el drama, el actor (que en griego se le llamaba "hipócrita") volvía a la rutina diaria de la vida. En la vida real, el actor no representaba un papel. Era simplemente él mismo. En la vida real de cada uno de nosotros hay que evitar las acciones hipócritas.

Hay que eliminar la envidia. Así lo dice este texto. Si una persona se siente desdichada a causa de las capacidades, posesiones o privilegios de otra, su problema es la envidia. Este pecado no es mencionado en singular, sino en plural. Inclusive un cristiano puede tener una gran lucha porque la envidia es algo que crece y se desparrama muy rápidamente.

Debe hacerse a un lado todo lo que sea hablar mal de otro, para lo cual nuestra versión bíblica usa la palabra "maledicencia". Simón Pedro nos recuerda que todo lo que tenga que ver con esa costumbre debe ser hecho a un lado, sea hablar en contra o rebajando a otra persona. La calumnia, la insinuación, el chisme y el rumor, todo esto cae bajo la categoría de hablar mal.

Simón Pedro y otros 119 se reunieron en un aposento alto para una reunión de oración de diez días. Llegó Pentecostés y descendió el Espíritu Santo, por lo cual surgió un nuevo tipo de predicación y testimonio. Los apóstoles dieron un convincente testimonio de la resurrección de Jesús. Comenzó un rumor. Algunos se burlaron de los predicadores, diciendo: "¡Están llenos de vino nuevo" (Hech. 2:13). Pedro contestó enseguida, diciendo: "Estos no están embriagados, como pensáis" (Hech. 2:15). Siempre habrá falsas acusaciones contra los cristianos.

Que la Biblia nos guíe a todos a hacer a un lado esas prácticas que son un detrimento para nuestro bienestar. Respondamos de manera correcta a la Palabra de Dios. El predicador D. L. Moody dijo: "El pecado os apartará de la Biblia o la Biblia os apartará del pecado."

III. La Biblia es el mejor libro porque produce vida y crecimiento espiritual

La vida espiritual llega por medio de la Palabra de Dios. Primera Pedro 1:23 dice: "Pues habéis nacido de nuevo, no de simiente coruptible sino de incorruptible, por medio de la Palabra de Dios." La sagrada Palabra del Señor muestra a quien está perdido su ruina espiritual, y le dirige al Salvador.

¿Tiene apoyo en la Biblia la declaración de que ella tiene una parte vital en la conversión de una persona? Santiago 1:18 dice: "El nos hizo nacer por la palabra de verdad." En la parábola del sembrador, Jesús describe la semilla que cae en la buena tierra y trae fruto (Mat. 13:18-23). La semilla sembrada en el corazón del hombre es la Palabra de Dios que germina y produce nueva vida por medio de la labor del Espíritu de Dios.

Quien quiera crecer espiritualmente debe leer y estudiar la Biblia. Simón Pedro dice que el nuevo cristiano es como un bebé. Necesita crecer y para ello precisa de "la leche espiritual" que es la Palabra de Dios. Todos sabemos que un bebé que tiene hambre, llora. Después de una siesta, vuelve a despertarse y llorar. Cualquier razón en demorarnos para alimentarlo es inútil. Si alguno trata de persuadirlo a que espere una hora más conveniente, el intento fallará. Con esa misma intensidad debemos buscar el alimento espiritual que es la Palabra de Dios.

Un profesor y teólogo de nuestros días dice que cuando se dispone a estudiar un pasaje o un libro de la Biblia lo lee cincuenta veces antes de poder hacer un comentario. Si hemos probado la bondad de la Palabra de Dios, vamos a discernir lo que tiene para decirnos. Esa es la conclusión a la que llega Simón Pedro en el versículo 3 de este capítulo. Como Dios es tan bueno, el cristiano debe desear fervientemente el conocimiento de su Palabra de verdad por medio de la cual podrá crecer espiritualmente.

La gente lee todo tipo de escritos. Algunos disfrutan leyendo ciencia ficción. En muchas bibliotecas se ve una cantidad de libros de filosofía o psicología. Un gran segmento de la sociedad lee libros de magia u ocultismo. El único libro que ha sido producido para que el lector llegue a estar cara a cara con el Dios viviente es la Biblia. Por eso, la Sagrada Escritura sobrepasa a todo otro libro. Es el libro de todas las épocas. La Palabra de Dios es permanente; purifica del pecado y produce vida y crecimiento. Nunca agotaremos la Biblia ni nos cansaremos de estudiarla. La Biblia debe ser una prioridad del estudiante, el laico, el pastor y el profesor. La Palabra de Dios está por encima de todo lo demás.

Preguntas

1. ¿Cuál es el significado del nacimiento espiritual, según 1 Pedro 1:23?
2. ¿Qué dos verbos se usan para describir la Palabra de Dios en 1 Pedro 1:23?
3. ¿Cuáles son las dos glorias temporales de la tierra que son eclipsadas por la Biblia?
4. ¿Cuál es el pecado que, según 1 Pedro 2:1, debe ser hecho a un lado?
5. ¿De qué manera una persona debe desear estudiar la Biblia?
6. ¿Qué efecto producirá el estudio de la Biblia en la vida de un hijo de Dios?
7. ¿Qué palabra usa Pedro para describir al Señor?

DATOS PARA EL ARCHIVO:
Fecha: ______________________________
Ocasión: ______________________________
Lugar: ______________________________

11

La casa espiritual de Dios

Acercándonos a él, la Piedra Viva —que fue ciertamente rechazada por los hombres, pero delante de Dios es elegida y preciosa—, también vosotros sed edificados como piedras vivas en casa espiritual para ser un sacerdocio santo, a fin de ofrecer sacrificios espirituales, agradables a Dios por medio de Jesucristo. Por esto contiene la Escritura: He aquí pongo en Sion la piedra del ángulo, escogida y preciosa. Y el que cree en él jamás será avergonzado. *De manera que, para vosotros que creéis, es de sumo valor; pero para los que no creen:* La piedra que desecharon los edificadores, esta fue hecha cabeza del ángulo, y: piedra de tropiezo y roca de escándalo. *Aquellos tropiezan, siendo desobedientes a la palabra, pues para eso mismo fueron destinados. Pero vosotros sois* linaje escogido, real sacerdocio, nación santa, pueblo adquirido, para que anunciéis las virtudes *de aquel que os ha llamado de las tinieblas a su luz admirable. Vosotros en el tiempo pasado no erais pueblo, pero ahora sois pueblo de Dios; no habíais alcanzado misericordia, pero ahora habéis alcanzado misericordia.* 1 Pedro 2:4-10

Uno de los grandes logros en la vida del rey Salomón fue la construcción del templo. Durante el servicio de dedicación, cuando el rey se arrodilló para orar, la gloria de Dios llenó el templo. La presencia del Señor siguió llenando el Lugar Santísimo en ese templo durante siglos.

Con la venida del Espíritu Santo, apareció un nuevo lugar para la morada de Dios. El Señor ya no habita en templos como el que construyó el rey Salomón. Al contrario, Dios ha elegido vivir en su propio pueblo. La humanidad regenerada y redimida ha llegado a ser la morada de Dios. La Biblia dice que los cristianos somos “el templo de Dios”.

I. Cristo es el fundamento de la casa espiritual de Dios

La Escritura dice que él es la "piedra viva" y "cabeza del ángulo" (vv. 4, 7). La iglesia es la morada espiritual de Dios que está fundada sobre Cristo. Este pasaje declara tres hechos relativos a Jesús como fundamento de la casa de Dios.

A. Cristo es la piedra fundamental viva en la casa del Señor (v. 4). Una piedra no es algo vivo y que da vida. Sin embargo, Cristo es la piedra fundamental que vive y da vida. Sus enemigos le hicieron morir en la cruz, pero al tercer día resucitó venciendo así a Satanás. Después de su resurrección se apareció a dos de sus discípulos en el camino a Emaús (Luc. 24). Cristo sigue caminando con nosotros en nuestro diario andar y nos da fuerza y estabilidad en la vida porque él vive.

B. Cristo es la piedra fundamental que ha sido rechazada. El pasaje dice que ha sido: "ciertamente rechazada por los hombres" (v. 4). Los líderes religiosos de su tiempo lo rechazaron. Su propia familia no logró verlo como el Mesías (Juan 1:11). La gente de Nazaret que conocía a su familia "se escandalizaban de él" (Mar. 6:3). Isaías 53:3, siglos antes de su nacimiento, hace notar el rechazo que sufriría: "Despreciado y desechado por los hombres, varón de dolores y experimentado en el sufrimiento." Actualmente las multitudes rechazan a Jesús porque están demasiado ocupados para dedicarle tiempo.

C. Cristo es la piedra fundamental señalada como preciosa para la casa de Dios. El v. 4 dice que es: "para Dios elegida y preciosa". Dios eligió a Cristo y por lo tanto sabe de su valor. Las piedras y joyas de este mundo varían en su valor, de acuerdo con la época y la demanda que haya de ellas. El precio de Jesús es eternamente precioso y su valor nunca ha variado. Pedro afirma que Cristo es la piedra fundamental preciosa, refugio seguro para todos los que acuden a él.

II. Los cristianos son piedras vivas de la casa espiritual de Dios

Los que acuden a Cristo son "edificados como piedras vivas en casa espiritual" (v. 5). El pasaje indica que el Espíritu de Dios da vida a todos los creyentes y los agrega a su iglesia.

El tamaño de la casa espiritual de Dios está determinado por aquellos que se llegan a Cristo. Cuando el pasaje dice "acercándoos a él", significa que le reconocemos como Señor de nuestra vida. La Biblia enfatiza continuamente las palabras "creer", "recibir" y "venir" en relación con el hombre y Cristo. Una iglesia crece cuando las personas que se llegan a Cristo permiten ser transformadas en "piedras vivas" de su casa espiritual. La increíble expansión de la iglesia del primer siglo ocurrió porque incontables multitudes se volvieron a Jesús como su Señor. La profecía de Joel sobre el derramamiento del Espíritu de Dios sobre su pueblo se cumplió en parte. Pedro fue testigo de un crecimiento explosivo en la iglesia de Dios y señaló que el profeta Joel había hablado de un día así de nueva vida y crecimiento (Hech. 2 y Joel 2).

El pasaje habla de "acercarse" como una acción continua. La iglesia crece cuando los creyentes se llegan a él con una consagración nueva y renovada de sus vidas. Nunca debemos cansarnos de volver a Jesús para obtener sostén, guía y renovación.

Los cristianos, como piedras vivas de la casa de Dios, están vitalmente relacionados el uno con el otro. Cuando nos relacionamos con Cristo y los unos con los otros, somos "edificados como piedras vivas en casa espiritual". Cuando las doce tribus de Israel se acercaban a la tierra prometida, cada una tenía grandes esperanzas de ocupar su propio territorio. Antes de cruzar el Jordán, las doce tribus juntas lucharon y ganaron el territorio que pertenecería a dos tribus y media del lado oriental del país. Las dos tribus y media estaban listas para establecerse y ocupar su recién conquistado territorio. Pero Josué les recordó que debían cruzar el Jordán con las otras y ayudarlas a que también conquistaran su tierra. Debían estar relacionadas unas con otras en la tarea de construir un reino espiritual de Dios.

Toda piedra viva en la casa de Dios es un sostén de los demás. Aun cuando nuestra propia tarea parezca completa, debemos recordar que los demás necesitan de nuestro apoyo.

III. Los cristianos tienen múltiples puestos y privilegios como miembros de la casa espiritual de Dios

Su posición es elevada. Su privilegio es el de servir. La posición y el privilegio están interrelacionados y son inseparables.

Las posiciones que disfrutan los cristianos son múltiples. Una de ellas es ser "linaje escogido" (v. 9). En medio de la población herida y fragmentada de la tierra, Dios ha honrado a los creyentes convirtiéndolos en su pueblo escogido. La compañía privilegiada del pueblo de Dios vive en el mundo, y sin embargo, su posición está mucho más arriba que la de la raza caída de Adán. Somos la nueva raza espiritual de Dios.

Los cristianos disfrutan de la posición de ser un "real sacerdocio" (v. 9). Debido a su posición de reyes y sacerdotes delante de Dios, todo creyente tiene acceso directo a la presencia de Dios. Debemos orar por nosotros e interceder por los demás. En Hebreos 4:14-16 se indica que todo creyente puede ir sin temor a la presencia del Rey de reyes y tener audiencia con él sin una cita previa y sin limitación de tiempo. En el antiguo Israel, los sacerdotes pertenecían a la tribu de Israel. Un número limitado de esa tribu llegaba al sacerdocio. Pero ahora, todos los redimidos son sacerdotes delante de Dios.

Los cristianos disfrutan de ser una "nación santa" (v. 9). Esto significa que el poderoso Dios nos ha separado para ser un pueblo puro para su honra. En medio de una era de maldad y perversión somos un pueblo unificado y espiritual. No siempre seremos modelos de virtud y sin embargo todos los hijos de Dios necesitan entender que tienen una posición de santidad por causa del Espíritu santificante de Dios. Esta santidad interior necesita ser "sacada del armario" y vista por los demás. Esto no quiere decir que debemos hacer una exhibición de santidad, sino que los cristianos deben practicarla tal como es mantenida e inspirada por el eterno Espíritu de Dios.

Los cristianos tienen múltiples privilegios como miembros de la casa espiritual de Dios. El versículo 9 habla de un "pueblo adquirido por Dios". Ni la iglesia ni el individuo deben ser ciegos al privilegio del servicio que ha sido dado al pueblo de Dios. Analicemos cuatro caminos para el servicio:

El cristiano puede *orar* y saber que sus oraciones son oídas. Como miembro del "real sacerdocio", un cristiano no debe descuidar la oración. Las gentes solitarias, las que pasan por luchas y dolores, recibirán una nueva inspiración para vivir cuando el pueblo de Dios ore por ellas.

El cristiano puede *actuar* y tener confianza de que su obra será útil a la causa de Dios. Un grupo de ocho o diez personas se reunían para compartir sus problemas personales y orar. Una noche alguien mencionó a una joven divorciada de una ciudad cercana que tenía una grave necesidad financiera. Oraron por ella y recogieron una ofrenda. El dinero fue contado y se comprobó que eran 67 dólares. Dos miembros del grupo le llevaron el dinero y ella estaba tan agradecida y emocionada que apenas podía contener su gozo. Compartir es un privilegio.

El cristiano puede *alabar* al Señor y saber que su alabanza será aceptada. Los redimidos del Señor deben darle gracias. La alabanza es algo que se debe al Señor y es un saludable ejercicio para los hijos de Dios. Una persona dijo: "Si Jesús salvó a este pobre y perdido pecador, jamás dejará de oír sus alabanzas." Sí, la alabanza siempre será aceptable.

El cristiano puede *proclamar* la gracia salvadora de Cristo y saber que su testimonio será de valor. Todos los creyentes deben hacer conocer el hecho de que Dios ama a todas las personas y desea que sean salvas. El cristiano debe mantener vivas las buenas nuevas de Jesús y como pueden abrir su boca y proclamar el gran poder salvador de Jesús.

El fundamento de la casa de Dios es Cristo. Los cristianos llegan a ser las piedras vivas de este edificio, lo que es una posición y un privilegio únicos. Debido a la gracia y misericordia de Dios, todos podemos llegar a formar parte de esta casa espiritual. La otra alternativa es trágica.

Preguntas

1. ¿Cuál es el fundamento de la casa espiritual de Dios?
2. ¿Qué otros títulos, además de "la piedra viva", se dan a Cristo en los versículos 4 y 7?
3. ¿Qué hicieron los líderes religiosos judíos con el Mesías?
4. ¿Por qué se llama a Cristo una "piedra viva"?
5. ¿Qué llegan a ser los cristianos en la casa espiritual de Dios? (v. 5).
6. ¿Cuál es la cualidad, humanamente hablando, de una iglesia determinada?
7. ¿Qué debe hacer una persona para llegar a ser miembro de la casa espiritual de Dios?
8. ¿Cuáles son los cuatro caminos que Pedro usa para describir la posición o status del cristiano?
9. ¿Cuáles son algunos de los privilegios que tiene el cristiano según los versículos 9 y 10?

DATOS PARA EL ARCHIVO:
Fecha: ____
Ocasión: ______________________________________
Lugar: ____

12

El viaje espiritual del cristiano

Amados, yo os exhorto como a peregrinos y expatriados, que os abstengáis de las pasiones carnales que combaten contra el alma. 1 Pedro 2:11

En el siglo XVII, Juan Bunyan pasó doce años en una cárcel inglesa por predicar. Durante ese tiempo de prisión en Bedford, aquel predicador bautista escribió nueve libros y folletos. El más conocido de todos ellos es "El Progreso del Peregrino". De hecho, el libro es autobiográfico. Es una alegoría espiritual que relata el viaje de Bunyan, bajo el nombre de Cristiano, desde la Ciudad de Destrucción a la Ciudad Celestial.

La primera epístola de Pedro tiene todo el sabor de una autobiografía espiritual, que conmueve el corazón. En ella un cristiano puede verse a sí mismo en su peregrinaje espiritual.

I. El viaje al cielo es de infinita alegría

La palabra gozo es mencionada ocho veces en esta carta: "En esto os alegráis" (1:6); "os alegráis con gozo inefable y glorioso" (1:8); "Sois bienaventurados" (3:14); "gozaos" (4:13); "os gocéis con regocijo" (4:13); "sois bienaventurados" (4:14). En una carta que trata sobre las tentaciones y persecuciones y sufrimiento, estas expresiones de gozo surgen como algo que todos notarán. Hay dos razones para hacer notar el abundante gozo de los santos.

A. La redención del pecado trae gozo al creyente. Cristo vino para liberarnos del terrible fruto del pecado. Derramó su propia sangre en la cruz para que todo pecador encuentre perdón del pecado y conozca el gozo de una vida redimida.

En *El progreso del peregrino,* Bunyan se describe huyendo desde la ciudad de Destrucción con la carga del pecado sobre sus espaldas. Con un grito de desesperación en su corazón. Exclama: "¿Qué haré?" Evangelista encuentra a Cristiano y le dice: "Huye de la ira que vendrá". Cristiano comienza su viaje y llega al Monte Calvario. Al inclinarse ante la cruz, la carga que llevaba sobre la espalda (símbolo de su pecado) se desata y cae rodando en la tumba vacía de Jesús. En aquel momento y lugar la salvación y la esperanza se convierten en realidad para él. La vida espiritual comienza en el Calvario. Cristo cambia la pena en canción cuando una persona se arrepiente de su pecado y por fe recibe a Cristo como Señor y Salvador. La redención Jesucristo ofrece es la puerta de ingreso al gozo del alma.

B. La relación con el Salvador da gozo al creyente. No sólo está el hecho objetivo del Calvario y de la muerte de Cristo por nosotros (verdad que nunca debe ser minimizada) sino que ahora poseemos una verdad subjetiva. Jesús vive en cada creyente como morador de su interior. Estamos relacionados con él de una manera dinámica y él es santificado en nuestros corazones (3:15). Está inseparablemente relacionado con nosotros como la vid lo está con sus ramas y esa relación que produce vida trae un gozo abundante (Juan 15:5, 11).

Cuando una persona entiende que el secreto del verdadero gozo está en Dios y no en las posesiones materiales, está en mejores condiciones para tener alegría. El profeta Habacuc escribió: "Con todo, yo me alegraré en Jehovah, y me gozaré en el Dios de mi salvación" (3:18). Habacuc veía tiempos duros y desastrosos para la nación. Los terneros se morían por falta de lluvia en las pasturas. Fracasaban las cosechas. Las prensas no producían vino nuevo. Sin embargo, el profeta no se abatió ni se quejó. Encontró en el Señor la fuente del verdadero gozo. Aquel que descubre que Dios es la fuente de un gozo permanente puede sobrevivir, saliendo de los valles profundos y caminando en lugares altos. El gozo verdadero está anclado en nuestro eterno e inmutable Señor, quien nos da muchos recursos para hacer que este gozo esté disponible en las distintas circunstancias de la vida: (1) Su Espíritu Santo trabaja a nuestro favor; (2) Cristo ora por nosotros; (3) la Biblia tiene un mensaje para nosotros en todas las encrucijadas de la vida; (4) llega ayuda de los demás cristianos que nos fortifican y alientan. Debemos pedir el gozo del Señor porque él nos *redime* y estamos *relacio-*

nados vitalmente a él. En nuestro viaje espiritual debemos "probar que el Señor es bueno", y al mismo tiempo tener su permanente gozo cuando lleguemos al cielo.

II. El viaje al cielo está lleno de tentaciones

Los cristianos deben tener conciencia de que el mundo, la carne y el demonio están listos para apoderarse de ellos. Pedro escribió en 1 Pedro 2:11: "Amados, yo os exhorto como a peregrinos y expatriados, que os abstengáis de las pasiones carnales que combaten contra el alma." Hay dos tentaciones que los cristianos enfrentan en su peregrinaje espiritual:

A. La de permitir que la vida carnal predomine sobre la vida espiritual. El "hombre natural" desea ser gratificado. Así llega la tentación de adecuarse a este mundo y obsesionarse con lo secular. Sin embargo, el cristiano debe mantener en mente que Cristo debe ser entronizado en su vida como Señor. No debemos ser esclavizados por el mundo y las pasiones de la vida no deben controlar nuestras vidas.

En *El progreso del peregrino*, cuando Cristiano y su amigo Fiel llegaron a la Feria de las Vanidades fueron objeto de burlas, amenazas y castigos por negarse a hacer tratos con "los deseos de la carne, los deseos de los ojos y la soberbia de la vida" (1 Jn. 2:16). Ambos fueron a prisión. Fiel fue condenado a morir por azotes. El mundo le hace la guerra a los santos de Dios que se niegan a identificarse con la maldad de esta era.

B. La de rendirse a la duda, la depresión y la desesperación. En *El progreso del peregrino,* cuando Cristiano y Fiel llegaron al Castillo de la Duda se encontraron con el gigante Desesperación, quien era el rey. Cuando el gigante halló a Cristiano y Fiel durmiendo en su propiedad los echó en un oscuro calabozo. Una noche mientras Cristiano y Fiel estaban al borde de la desesperación total, Cristiano recordó que tenía una llave que se llamaba "Promesas" que abría las puertas del Castillo de la Duda. Los dos peregrinos lograron escapar, aunque Desesperación los persiguió. La batalla con la duda es interminable. El Castillo de la Duda llega a ser el más amargo lugar de confinamiento para muchos cristianos cuando la desesperación los controla. Sin embargo, Cristo quiere que todos sus hijos tengan la llave de las innumerables promesas que pueden liberarlos de la esclavitud de la duda.

III. El viaje al paraíso tiene un final feliz porque nos lleva a una era interminable de gloria

De acuerdo con la Biblia, hay sólo dos destinos para la humanidad. Uno es el infierno y el otro es el cielo. Dios ha prometido una vida eterna de bendiciones a todos los que le aman. Hay dos razones que pueden mencionarse como evidencias de las maravillas de esa edad futura.

A. El paraíso es un lugar de gozo. La misma palabra significa "jardín de placer". Aludiendo al jardín del Edén y a la Ciudad Celestial, el paraíso es visto, desde una perspectiva bíblica, como un lugar de eterno placer.

Los habitantes del cielo disfrurarán de comunión sin fin. Estaremos reunidos con Dios, los santos ángeles y los redimidos de todas las épocas. Estar con Cristo, contemplar su gloria y compartirla hará que todo el pueblo de Dios tenga "gozo inefable". En su primera carta, Pedro escribe sobre la herencia eterna en el cielo, de la cual gozará el pueblo de Dios. El libro del Apocalipsis nos presenta el cuadro más bello del cielo que pudiera describirse con lenguaje humano.

El cielo es un lugar hermoso. El universo que Dios ha creado impresiona al hombre con su belleza. Miramos con admiración las montañas, los desiertos, las cavernas, los océanos, las selvas y el cielo. Sin embargo, cuando lleguemos al "nuevo cielo y nueva tierra", veremos belleza y gloria que, por sus limitaciones, el hombre no ha conocido antes en esta vida. La belleza de la paz, felicidad y perfecta justicia del cielo será superior a las visiones y sonidos. El cielo será perfectamente hermoso.

B. El cielo es un lugar de servicio. Cuando Dios creó a Adán lo colocó en el un jardín "para que lo guardara y labrase". Al comienzo de la historia humana, el hombre recibió un encargo de Dios para que trabajara. La Biblia describe la vida en la era futura como de servicio, no de pereza. En la Ciudad Celestial no existirán desempleados. Obligaciones con sentido serán llevadas a cabo por los ciudadanos del cielo.

El trabajo en el paraíso incluirá el *servicio* a Dios. En un lenguaje altamente pictórico, Juan describe la gran multitud de santos de ropas blancas que llegaban desde una gran tribulación en la tierra, con sus ropas lavadas en la sangre del Cordero. Están "delante del trono de Dios y le sirven día y noche"

(Apoc. 7:15 RVR-1960). "Y sus siervos le servirán" (Apoc. 22:3 RVR-1960). No se explica cuál será ese tipo de servicio, pero se afirma que existirá. Sin embargo, la obra que se realice para Dios en esa nueva era sin duda será de gozo. Antes de la caída, la obra del hombre en el Edén le proporcionaba un deleite supremo. El pecado hizo que las ocupaciones del hombre se transformaran en "sangre, sudor y lágrimas". Al recuperarse el paraíso, el trabajo volverá a ser de deleite en vez de desgaste, de placer en vez de dolor.

El paraíso será un lugar de alabanza al Señor. Los redimidos unirán sus voces a las huestes celestiales en gratitud y acción de gracias al Creador. El hombre mortal y finito nunca alcanzará a comprender el alcance de la bondad de Dios en su creación. En el cielo, el hombre ocupará un lugar destinado a la alabanza. Nos reuniremos a aquellos que dirán: "¡La salvación pertenece a nuestro Dios, que está sentado sobre el trono, y al Cordero!" (Apoc. 7:10).

La Biblia nos dice que después de largos años de esclavitud en Egipto, los hebreos vagaron por el desierto durante cuarenta años. Tenían grandes esperanzas de entrar al territorio que Dios les había prometido cuando terminaran sus andanzas por el desierto. En la sombra de la tierra árida, Moisés dijo a Hobab: "Ven con nosotros, y te haremos bien" (Núm. 10:29).

El peregrino cristiano tiene la promesa de una herencia mucho mayor que cualquier posesión terrenal. Como nuestro futuro con Dios es tan maravilloso y grande, ¿nos entusiasmamos como para invitar a otros en nuestro viaje espiritual?

Preguntas

1. ¿Cuántas veces Pedro menciona el gozo o la alegría en esta carta?
2. ¿Cuál debe considerarse la fuente de un gozo permanente?
3. ¿Podemos nombrar dos tentaciones que los cristianos enfrentan alguna vez?
4. ¿Qué dice 1 Pedro 2:11 sobre los "deseos carnales"?
5. ¿Podemos describir algo de la vida que los cristianos gozarán en el cielo?

DATOS PARA EL ARCHIVO:
Fecha: ______________________________
Ocasión: ______________________________
Lugar: ______________________________

13

Los cristianos deben ser buenos ciudadanos

Amados, yo os exhorto como a peregrinos y expatriados, que os abstengáis de las pasiones carnales que combaten contra el alma. Tened una conducta ejemplar entre los gentiles, para que en lo que ellos os calumnian como a malhechores, al ver vuestras buenas obras, glorifiquen a Dios en el día de la visitación. Estad sujetos a toda institución humana por causa del Señor; ya sea al rey como quien ejerce soberanía, o a los gobernantes como quienes han sido enviados por él para el castigo de los que hacen el mal y para la alabanza de los que hacen el bien. Porque ésta es la voluntad de Dios: que haciendo el bien hagáis callar la ignorancia de los hombres insensatos. Actuad como libres, y no como los que hacen de la libertad un pretexto para hacer lo malo, sino como siervos de Dios. Honrad a todos; amad a los hermanos; temed a Dios; honrad al rey. 1 Pedro 2:11-17

En una de sus antiguas fábulas griegas, Esopo cuenta la historia de una discusión entre el sol y el viento. El sol declaró: "Yo soy el más fuerte." "No, yo soy más fuerte que tú", contestó el viento. Mientras ambos miraban hacia la tierra, descubrieron a un hombre que estaba caminando. Decidieron que aquel que obligara al hombre a sacarse la capa sería reconocido como el más fuerte. El viento probó primero. Cuando se puso a silbar y soplar sobre el hombre, éste se apretó cada vez más la capa alrededor del cuerpo. Finalmente el viento abandonó su intento. Luego, el sol siguió y comenzó a brillar sobre el hombre. Este pronto se sacó la capa, colocándosela en el brazo. El viento admitió que el calor del sol era más efectivo que el aire fresco envolviendo al hombre.

Simón Pedro llega al corazón de sus lectores con calor y apelación espiritual. Comienza su carta con palabras amables: "Amados, yo os exhorto" (v. 11). Esto habla de que los cristianos son "amados" por Dios. Este acercamiento humilde abre el corazón del creyente y lo hace receptivo al mensaje que ha de seguir.

En esta carta, Pedro nos presenta tres actitudes que el crisiano debe tener:

I. Debe tener una buena relación con el tiempo presente

Pedro señaló tres formas en las cuales puede ser bien establecida una buena vida cívica:

A. Manteniendo una visión equilibrada tanto de la eternidad como de la edad presente. Los cristianos son "peregrinos y expatriados" (v. 11). Un cristiano puede votar en su país, pero su verdadera ciudadanía está en los cielos. Este tipo de enfoque mira al tiempo y la eternidad directo a la cara y dice: "He invertido en ambos."

En su libro "La presencia del futuro", George Elton Ladd escribe sobre "la tensión entre la historia y la escatología". El cristiano que piensa seriamente en su relación con Dios siente la fuerza del llamado celestial. Al mismo tiempo, se esfuerza por hacer las mejores inversiones posibles para la humanidad y para la causa de Cristo durante su estancia en la tierra.

El pueblo de Dios debe llevar a cabo su propósito de ser testigos por medio del servicio a la comunidad, pero entendiendo que viven en el mundo como "extranjeros". Este equilibrio entre las dos edades, la finita y la infinita, el tiempo y la eternidad, ayudará a los cristianos a estar a salvo de intereses complicados y enredadores que perturban su interés en la edad eterna. Una clara visión de ambas esferas debe ser mantenida a fin de convertirse en viajeros efectivos sobre la tierra.

Durante el período de la cautividad babilónica, Daniel y miles de otros hebreos desarraigados, fueron forzados a forjarse una nueva vida. Muchos se dedicaban a sus oficios, criaban sus familias y se ajustaban lo mejor que podían a ese país lejano y extraño. Aun cuando Daniel pasó la mayor parte de su vida en un ambiente extraño, nunca se olvidó de abrir sus ventanas y mirar hacia el este, donde estaba su tierra natal. El cristiano tampoco debe olvidar de mantenerse mirando hacia su hogar eterno, el cielo.

B. Al abstenernos de los placeres terrenales, tendremos una correcta relación con el mundo. El pasaje nos dice: "que os abstengáis de las pasiones carnales que combaten contra el alma" (v. 11). Eso implica que debemos mantenernos alejados de la indulgencia y la seducción que terminarán por destruir la vida.

Las "pasiones carnales" se refieren al gran número de deseos que provienen de la naturaleza adánica corrompida. En Gálatas 5:16-21 se mencionan estas "pasiones carnales" como: "fornicación, impureza, desenfreno, idolatría, hechicería, enemistades, pleitos, celos, ira, contiendas, disensiones, partidismos, envidias, borracheras, orgías y cosas semejantes a estas".

Los placeres "que combaten contra el alma" le hacen la guerra a la naturaleza redimida del hombre. Todos experimentamos esta lucha interna e interminable. Por tanto, debemos alejarnos de todo lo que traerá caos a la naturaleza espiritual.

C. El buen testimonio ayudará al cristiano a tener una correcta relación con el mundo. El versículo 12 dice que debemos mantener nuestra "conducta ejemplar entre los gentiles". La palabra "ejemplar" sugiere una conducta hermosa y atractiva. Una conducta ejemplar no puede ser pasada por alto ni siquiera por los que nos critican. Un buen testimonio cristiano es una prueba positiva de que una persona está viviendo como debe vivir un buen ciudadano. Pedro dice que una buena vida silenciará a los críticos más rápidamente que cualquier otra cosa.

II. Debe someterse a la autoridad civil.

El versículo 13 declara: "Estad sujetos a toda institución humana." "Someterse" significa: aceptar, obedecer, estar sujeto. Como ciudadano, el cristiano debe respetar y vivir en armonía con las instituciones de la sociedad. Jesús enseñó el mismo principio de sumisión: "Dad al César lo que es del César, y a Dios lo que es de Dios" (Mat. 22:21). En 1 Timoteo 2:1-3, Pablo nos anima a orar por aquellos que están en autoridad. Sin embargo, la primera lealtad del hombre será para Dios, si la autoridad civil viola los principios espirituales de Dios.

El Señor ha encomendado al hombre que gobierne la tierra. Sin regulaciones y ordenanzas con la debida aplicación, reinaría la anarquía y haríamos lo que bien nos pareciera (Jue. 21:25).

El cristiano debe comprender que las leyes han sido dadas para el *control* de quienes las quebrantan. Las leyes civiles son puestas en vigor "para castigo de los que hacen el mal" (v. 14). Si ha de mantenerse el orden en la vida cívica, quienes perturben la paz deben ser controlados y castigados. Los que viven sujetos a las leyes civiles deben recibir *retribución* por su buena conducta. Pedro dice que los funcionarios y las reglamentaciones son para "alabanza de los que hacen el bien" (v. 14).

El cristiano debe respetar las ordenanzas humanas para eliminar críticas injustas. Al obedecer a la autoridad civil, hace "callar la ignorancia de los hombres insensatos" (v. 15).

La mordaza que silencia a los críticos es la vida bien ordenada del cristiano. Aquellos no pueden demoler fácilmente a los que practican una buena conducta. El cristiano que se somete a la autoridad civil cumple sus funciones cívicas en la sociedad.

III. Debe cumplir con los principios establecidos en la Palabra de Dios

Pedro menciona cuatro deberes importantes relacionados con nuestra sumisión a la autoridad:

A. Debemos honrar a todos (v. 17) porque todos los hombres han sido hechos a la imagen de Dios. Dios creó al hombre para que estuviera por encima del resto de la creación terrenal. Quienquiera que sea una persona, el cristiano debe estimarlo como una creación única de Dios.

El rabino Cohen vivió en Galveston, Texas (puerto de entrada para inmigrantes), a comienzos del siglo. Las autoridades de inmigración a menudo solicitaron su ayuda, debido a que éste hablaba siete idiomas. Un día Cohen dijo a su esposa: "Debo hacer un viaje a Washington." Ella le preguntó cuál era el motivo del viaje y él respondió: "Hay un hombre llamado Lemchuk que ha sido detenido por las autoridades de inmigración porque ha entrado ilegalmente al país desde Rusia. Lo van a deportar. Conozco al hombre y sé que si vuelve a Rusia será ejecutado. Si puedo convencer a las autoridades de que le permitan quedarse en los Estados Unidos, salvaré su vida. Voy a Washington a intervenir en su favor." Hizo el viaje y los funcionarios le dijeron: "No hay nada que podamos hacer; es ilegal y debe ser deportado."

Cohen logró entrevistarse con el presidente, quien aunque no le concedió la petición, le dijo: "Admiro su interés por este hombre y la forma en que el pueblo judío se mantiene unido." Cohen contestó: "Señor presidente, usted está equivocado. Este hombre Lemchuk no es judío, es ortodoxo griego."

El presidente preguntó sorprendido: "¿Por qué está usted aquí si este hombre no es miembro de su fe?" Cohen contestó: "Porque este hombre es un ser humano y su vida está en juego."

No importa el color de la piel ni el *status* social. Toda persona es un ser humano. ¿Captamos esa verdad?

B. Debemos amar a los hermanos (v. 17). El cristiano debe tener un profundo amor por todo el pueblo de Dios. Los chismes y celos en la fraternidad de la iglesia deben terminarse. Ninguno de los autores del Nuevo Testamento dejó duda alguna sobre la importancia que el amor ocupa en la comunión espiritual de los hijos de Dios. Necesitamos amarnos unos a otros.

C. Debemos temer a Dios (v. 17). El es la autoridad suprema. Sólo Dios es el soberano. Es el Señor. El gobierno humano o el estado nunca debe ser objeto de nuestra obediencia absoluta. Si llegara el momento en que hay que hacer una elección entre la lealtad al hombre o al Señor, el cristiano siempre debe recordar que Dios ocupa el primer lugar. Un cristiano debe apreciar, reverenciar y temer al Señor Dios por encima de todas las poderosas fuerzas del hombre.

D. Debemos honrar al rey (v. 17). En el tiempo de Pedro, el emperador que debía ser honrado era Nerón. Sea noble o corrompido, el líder debe ser honrado por los ciudadanos cristianos. Cuando se concreta esa sujeción, el cristiano puede disfrutar de la aprobación de Dios.

¿Puede un cristiano ser ciudadano de primera clase? Así lo pensaba Pedro. Si mantiene una correcta relación con el mundo, se somete a la autoridad civil y practica los principios señalados en la Palabra de Dios, el cristiano podrá ser un buen ciudadano.

Preguntas

1. ¿Qué nos dice personalmente el versículo 11?
2. ¿Qué significa el versículo 12?
3. ¿Qué nos dicen los versículos 13 al 16 sobre la relación con el gobierno?
4. ¿Cuáles son los cuatro principios del versículo 13?

DATOS PARA EL ARCHIVO:
Fecha: ____
Ocasión: ____
Lugar: ____

14

El mensaje de la cruz

Pues para esto fuisteis llamados, porque también Cristo sufrió por vosotros, dejándoos ejemplo para que sigáis sus pisadas. El no cometió pecado, ni fue hallado engaño en su boca. *Cuando le maldecían, él no respondía con maldición. Cuando padecía, no amenazaba, sino que se encomendaba al que juzga con justicia. El mismo llevó nuestros pecados en su cuerpo sobre el madero a fin de que nosotros, habiendo muerto para los pecados, vivamos para la justicia. Por sus heridas habéis sido sanados. Porque erais como ovejas descarriadas, pero ahora habéis vuelto al Pastor y Obispo de vuestras almas.* 1 Pedro 2:21-25

El amor divino ha ardido en el corazón de Dios desde toda la eternidad. El despliegue más esplendoroso de ese amor se ve en la cruz. Providencialmente Simón Pedro estuvo cerca de allí cuando la gloria del amor de Dios se hizo ver a los ojos humanos. Pedro comprendió que el amor del Señor se había demostrado con la experiencia de la muerte de su Hijo. Jamás se extinguirá el mensaje de la cruz. Pero ¿cuál es ese mensaje?

I. La cruz nos recuerda los sufrimientos de Cristo

El versículo 21 dice: "También Cristo sufrió por vosotros." Todo el mundo sufre en algún momento. Sin embargo, el sufrimiento y la muerte de Jesús fue más intenso y devastador de lo que cualquiera de nosotros puede entender. El cristiano acepta lo que Dios le ofrece sin captar el dolor y el quebrantamiento de ese divino sacrificio. Nuestra salvación presente, la presencia del Señor por medio del Espíritu Santo y las futuras glorias del cristiano —todo lo que recibe un cristiano— fue hecho posible debido al Calvario.

A. En la cruz pueden verse sufrimientos físicos. Mateo 27:26-35 muestra un cuadro de los terribles sucesos de la crucifixión. Jesús fue azotado con un látigo. Los soldados clavaron sus manos y sus pies a la cruz. Colocaron una corona de espinas sobre su cabeza, presionando ese crudo "adorno" de burla hasta que la sangre fluyó de la carne desgarrada. Escupieron sobre Jesús y le golpearon en la cara.

Jesús pendió de aquel madero durante seis horas el día de la crucifixión. El sol ardiente cayó sobre el Hijo de Dios. La fiebre sacudió su cuerpo dolorido. Una sed indescriptible abrasó su boca, su lengua, su garganta. No apareció alivio alguno. Ningún médico llegó para dar ayuda al Gran Médico que había dado alivio al cuerpo y al alma de incontables personas durante tres años. Muchos de los que veían la terrible escena lloraban aun cuando otros se reían y se burlaban. Simón Pedro escribió años más tarde: "Cristo sufrió por vosotros" (v. 21). Isaías 50:6 dice: "Entregué mis espaldas a los que me golpeaban, y mis mejillas a los que me arrancaban la barba. No escondí mi cara de las afrentas y de los esputos."

B. En la cruz pueden verse los sufrimientos espirituales. Los romanos expusieron al sufriente Mesías ante la multitud curiosa y agitada mientras le colgaban de la cruz. Jesús sabía que vino a la tierra para morir. Sin embargo, no se detuvo aunque conocía todo lo que ello significaba. Sabía que llegaría su hora. Previó el terrible precio a pagar, aunque todo el horror de cuerpo y alma no podía ser experimentado realmente hasta que llegó con toda intensidad. "Y en la hora novena Jesús exclamó a gran voz, diciendo: —*¡Eloi, Eloi! ¿Lama sabactani?* —que traducido quiere decir: *Dios mío, Dios mío, ¿por qué me has desamparado?*—" (Mar. 15:34).

Con la totalidad de su ser, Cristo cargó el peso del pecado del mundo. La sombra de la cruz pareció caer siempre a lo largo de la vida de Jesús. La oscuridad de la muerte llegó cerca de él cuando oraba en Getsemaní. Sufrió mientras hablaba con su Padre celestial. En Lucas 22:44 se cuenta la historia: "Y angustiado, oraba con mayor intensidad, de modo que su sudor era como grandes gotas de sangre que caían hasta la tierra." Aun entonces lo más íntimo de su ser sintió la agonía de la muerte. En las inmerecidas aflicciones, que él soportó pacientemente, Cristo dejó un ejemplo a todos los cristianos.

II. La cruz nos recuerda la perfección de Cristo

Primera Pedro 2:22 dice de Cristo: "El no cometió pecado, ni fue hallado engaño en su boca." Jesús adoptó su existencia física, sin heredar la naturaleza pecadora de Adán. Vivió cada momento sin cometer un solo acto pecaminoso. Cristo es la única persona que ha escapado de la devastación del pecado. Dice Romanos 3:23: "Porque todos pecaron y no alcanzan la gloria de Dios." La única excepción a esa afirmación es Jesús, el Cristo divino. El capítulo 8 de Juan cuenta un conflicto que Jesús tuvo con sus propios paisanos. Les hizo la pregunta: "¿Quién de vosotros me haya culpable de pecado?" (8:46). Jesús mismo dijo: "Yo hago siempre lo que le agrada a él" (8:29) refiriéndose a su Padre. Judas traicionó a Jesús y desesperado exclamó: "Yo he pecado entregando sangre inocente." (Mat. 27:4). La esposa de Pilato le mandó un mensaje diciendo: "No tengas nada que ver con ese justo, porque hoy he sufrido muchas cosas en sueños por causa de él" (Mat. 27:19). Poco después de ese hecho Pilato se lavó las manos y, delante de sus acusadores dijo que él era inocente del derramamiento de la sangre de Jesús (Mat. 27:4). Un centurión romano observó cuando él moría en la cruz y declaró: "¡Verdaderamente éste era Hijo de Dios!" (Mat. 27:54). El testimonio de que Cristo era sin pecado continuó. La Biblia dice que enfrentó la tentación en todas las formas posibles, pero que nunca pecó (Heb. 7:26; 9:14).

Jesús llamó a los hombres al arrepentimiento. "No he venido para llamar a justos, sino a pecadores" (Mar. 2:17). En otra ocasión, predicó: "Os digo que no; más bien, si no os arrepentís todos pereceréis igualmente" (Luc. 13:3). Sin embargo, Jesús nunca tuvo que decir: "Lo siento" o "perdónenme" por algo que hubiera hecho. Nació sin pecado, vivió sin pecado y por ello nunca tuvo que avergonzarse de un acto malo. ¡No tuvo nada de qué arrepentirse! Sin embargo, llamó a los hombres a que lo hicieran.

III. La cruz nos recueda la sumisión de Cristo

El versículo 23 dice: "Cuando le maldecían, él no respondía con maldición. Cuando padecía, no amenazaba, sino que se encomendaba al que juzga con justicia." El juicio, los sufrimientos y la muerte de Jesús revelan entrega y sumisión. Jesús no ofreció resistencia, no maldijo ni amenazó con vengarse, aun cuando los horrores de la cruz cayeron sobre él.

Jesús se sometió a aquellos que le acusaban falsamente. Sus acusadores dijeron que era "comilón y bebedor" (Luc. 7:34). Aquel que ayunó cuarenta días y cuarenta noches en el desierto fue acusado de gula. Aquel que dijo a los discípulos que pensaban en la comida: "Yo tengo una comida para comer que vosotros no sabéis" (Juan 4:32), pues su conversación con la samaritana le había absorbido tanto que ni pensó en comer. ¿Da la impresión de un hombre glotón?

Jesús se sometió a aquellos que acusaron a su familia de inmoralidad. Dijeron que era un hijo fuera del matrimonio (Juan 8:41). Quienes guardaban las Escrituras del Antiguo Testamento deben de haber leído las profecías sobre el Mesías que había de venir. En Isaías 7:14 se habla de la virgen que daría a luz. Sus acusadores deben de haber oído lo que Lucas escribió más tarde sobre el nacimiento milagroso de Jesús por el poder del Espíritu Santo (Luc. 1:35). Seguramente habían oído que José y María no tuvieron relaciones como marido y mujer hasta después de que Jesús nació (Mat. 1:25). Aun cuando algunos de los hechos de la vida de Jesús y su familia no fueron escritos durante su ministerio terrenal, esas verdades sobre Jesús no eran un secreto para cualquiera que quisiera oírlas.

Jesús se sometió a aquellos que decían que sus obras no eran de origen espiritual. Sus enemigos acusaron a Jesús de hacer sus obras gracias al poder del demonio (Mar. 3:22). Un día sábado, Jesús sanó a un hombre que tenía una mano tullida (Mar. 3:1). Pronto todos los que tenían cualquier enfermedad, malos espíritus o demonios conocieron la gracia sanadora de Cristo (Mar. 3:10, 11).

Jesús se sometió a los que torcían lo que él decía. "Entonces acechándole, enviaron espías que simulasen ser justos, a fin de sorprenderle en sus palabras, y así entregarle al poder y autoridad del procurador" (Luc. 20:20).

Jesús se sometió a aquellos que planearon su muerte. Aun cuando los soldados vinieron a arrestarle en Getsemaní, nunca pensó en escapar de ellos.

IV. La cruz nos recuerda la sustitución de Jesús en lugar del hombre pecador

El versículo 24 dice: "El mismo llevó nuestros pecados en su cuerpo sobre el madero a fin de que nosotros, habiendo muerto para los pecados, vivamos para la justicia. Por sus heridas habéis sido sanados." La Escritura nos dice que Cristo llevó sobre sí nuestros pecados. Se hizo pecado por nosotros al llevar en su propio cuerpo y alma la culpa de nuestro pecado, muriendo en nuestro lugar. Cristo llegó a ser nuestro sustituto para que nadie tenga que morir por sus pecados de allí en adelante. Cristo pagó el precio para liberarnos de la deuda del pecado. El sustituto fue al Calvario en nuestro lugar.

Levítico 16:21, 22 dice: "Aarón pondrá sus dos manos sobre la cabeza del macho cabrío vivo y confesará sobre él todas las iniquidades, las rebeliones y los pecados de los hijos de Israel, poniéndolos así sobre la cabeza del macho cabrío. Luego lo enviará al desierto por medio de un hombre designado para ello. Aquel macho cabrío llevará sobre sí, a una tierra inhabitada, todas las iniquidades de ellos. El hombre encargado dejará ir el macho cabrío por el desierto."

Jesús llegó a ser ese chivo expiatorio en nuestro lugar. Llevó nuestros pecados al "desierto del perdón de Dios". Juan 1:29 dice: "¡He aquí el Cordero de Dios que quita el pecado del mundo!" La cruz nos dice que Cristo es nuestro sustituto, nuestro sacrificio.

El hombre dio la espalda a Dios en el jardín del Edén. La desobediencia trajo la ruina a Adán y Eva, así como a toda la raza humana. Por su nacimiento y su conducta, el hombre es pecador. ¿Cómo encuentra una persona su camino para volver al redil de Dios? Dios llama al hombre para que regrese a él; el hombre sólo necesita responder a ese llamado.

Preguntas

1. ¿En qué formas podemos decir que Cristo sufrió?
2. ¿Por qué razón Cristo no fue culpable de pecado?
3. ¿Cómo respondió Jesús cuando lo insultaron?
4. ¿Qué título recibe Jesús por ocupar el lugar del pecador?

DATOS PARA EL ARCHIVO:
Fecha: ___________________________
Ocasión: ___________________________
Lugar: ___________________________

15

Esposos y esposas cristianos

Asimismo vosotras, mujeres, estad sujetas a vuestros maridos, para que si algunos no obedecen a la palabra, también sean ganados sin una palabra por medio de la conducta de sus mujeres, al observar vuestra reverente y casta manera de vivir. Vuestro adorno no sea el exterior, con arreglos ostentosos del cabello y adornos de oro, ni en vestir ropa lujosa; sino que sea la persona interior del corazón, en lo incorruptible de un espíritu tierno y tranquilo. Esto es de gran valor delante de Dios. Porque así también se adornaban en tiempos antiguos aquellas santas mujeres que esperaban en Dios y estaban sujetas a sus propios maridos. Así Sara obedeció a Abraham, llamándole señor. Y vosotras habéis venido a ser hijas de ella, si hacéis el bien y no tenéis miedo de ninguna amenaza. Vosotros, maridos, de la misma manera vivid con ellas con comprensión, dando honor a la mujer como a vaso más frágil y como a coherederas de la gracia de la vida, para que vuestras oraciones no sean estorbadas. 1 Pedro 3:1-7

Un destacado psicólogo dijo que alrededor del noventa por ciento de las familias no son felices. Si este análisis es exacto, sólo el diez por ciento encuentra la alegría que esperaba. La mayoría de las parejas que hacen planes matrimoniales confían en que tendrán una unión feliz. El cuadro de ser felices para siempre llena las mentes de los que se enamoran. Y sin embargo, a menudo esto no es una realidad. El amor pasa por tiempos de pruebas y dificultades. El fracaso y la ruptura de la vida familiar han llegado a ser un suceso de todos los días.

Muchos creen que el placer es la llave para un matrimonio feliz y exitoso. La alegría y un buen ambiente son de ayuda para las buenas relaciones. Sin embargo, el placer no asegura que dos personas vivirán felices para siempre.

La adoración es una buena herramienta para ayudar a construir una vida duradera de hogar. Sin embargo, notamos que los hogares de personas que asisten a las iglesias también se desploman. ¿Existe una garantía para una relación matrimonial significativa? La Biblia habla de los vínculos matrimoniales. Dice que un esposo y una esposa pueden tener una relación feliz. La felicidad es posible cuando existe una relación correcta entre ambos. Cada componente de un matrimonio necesita cumplir con sus deberes en relación con el otro.

I. La esposa tiene deberes para con su esposo

Cuando estos deberes cristianos básicos son cumplidos, se produce un clima adecuado para la felicidad. Si se violan se reducen las posibilidades de felicidad.

A. La esposa debe someterse a su marido. El pasaje dice: "Asimismo vosotras, mujeres, estad sujetas a vuestros maridos" (3:1). La palabra "sujetas" significa estar bajo la autoridad o control de otro. La esposa desea y espera que el marido sea el líder. La relación de sujeción de la esposa surge del amor y la confianza que tiene hacia su marido. En un matrimonio saludable, el esposo no tiene problemas para ser la cabeza del hogar, y la esposa no siente que pierde su libertad e independencia cuando el esposo asume el papel de líder que Dios le ha dado.

Génesis 3:16 afirma claramente el principio de que el hombre es la cabeza: "Tu deseo te llevará a tu marido, y él se enseñoreará de ti." La relación matrimonial es más sana, feliz y fuerte si se sigue el plan original de Dios.

Primera Pedro 3:1 dice: "Para que si algunos no obedecen a la palabra, también sean ganados sin una palabra por medio de la conducta de sus mujeres." El buen ejemplo de la esposa puede ser más fuerte para ganar a la fe a un marido incrédulo que cualquier otra cosa.

El pasaje habla de una "reverente y casta manera de vivir" (v. 2). La conducta de la esposa debe ser pura. Su vida y carácter antes y después del matrimonio deben ser sin mancha.

¿Qué ocurre en la mente y en las emociones de un marido que tiene una esposa sin mancha y respetuosa? El pasaje dice que él considera eso (v. 2). Eso significa que el marido ve con admiración y maravilla a su esposa. Ante ella siente o dice: "¡Vaya!" "¡Y es mía!" El hermoso ejemplo cristiano de la esposa llega a ser un instrumento poderoso y práctico que el Señor puede usar para convertir al marido incrédulo.

B. La esposa debe adornarse espiritualmente antes que hacer un despliegue extravagante de su cuerpo. "Vuestro adorno no sea el exterior." La palabra "adorno" se origina en la palabra griega *cosmos*. El universo creado suele denominarse "cosmos". Significa aquello que es hermoso, ordenado y equilibrado. "Cosmética" es una palabra derivada de cosmos. Simón Pedro dice que la verdadera cosmética de la vida es el adorno espiritual.

Este pasaje bíblico habla sobre estilos de peinado, joyería y ropas. ¿Está la Biblia en contra del adorno físico y el uso de cosméticos? ¿Dice la Biblia que la esposa no debe procurar ser atractiva? No, la Biblia sugiere buen gusto y modestia de parte de la mujer en su apariencia personal. El énfasis está puesto en la vida interior, el adorno espiritual.

Las joyas deben usarse con un cuidado conservador. Pedro alude en su carta a que el vestuario de una esposa debía ser acorde con la fe cristiana. Ninguna esposa debía convertirse en un desfile de modas. La modestia y la espiritualidad debían tenerse en mente cuando se consideraba el adorno que se iba a usar.

Hay tres orientaciones adecuadas para el adorno de la mujer. La primera es que la esposa debe adornarse de modo de mostrar a su esposo su naturaleza espiritual y no la carnal. En segundo lugar, la esposa debe adornarse como para ser un buen testimonio y ejemplo de Cristo en vez de anular su influencia como cristiana. Lo tercero es que debe adornarse para ser útil al Espíritu Santo en vez de ser un obstáculo para su obra. El adorno de "un espíritu tierno y tranquilo" (v. 4) aparece ejemplificado en aquellas mujeres de antaño. Todas las esposas deben usar el "cosmético" de una vida hermosa.

II. El esposo tiene deberes para con su esposa

A. El marido debe vivir con su esposa de una manera sabia. La expresión: "Vosotros maridos, de la misma manera" (v. 7) es un claro llamado para que el marido se dé cuenta de que tiene una gran parte que desempeñar en la felicidad conyugal. Aunque hay seis versículos de guía e ilustración dedicados a las esposas, el "de la misma manera" de éste pone en foco los deberes del hombre en el hogar.

Al marido se le llama a habitar con su esposa en forma consciente. Debe ser quien edifique el hogar felizmente, siendo un verdadero compañero o partícipe con su esposa. Debe tener una presencia real y no simplemente existir, sino vivir. Debe ser más que un adicto al fútbol y más que un hombre que sostiene a los hijos. Debe compartir la vida con su esposa. La palabra "vivid" (v. 7) tiene mucha fuerza. Implica amor, simpatía, apoyo y atención a todas las necesidades de la esposa. La que comprueba que su marido vive con ella en todo el sentido de la palabra no encuentra problema en estar sujeta a él ni en cumplir todo el papel que le corresponde.

B. El marido debe honrar a su esposa. El pasaje dice: "Dando honor a la mujer" (v. 7). La misma palabra es usada en Primera Pedro 1:19 para hablar de "la sangre preciosa de Cristo". El sacrificio de Cristo es estimado y honrado. En su sangre hay una prioridad suprema. De la misma manera, el pasaje dice que el esposo debe honrar o considerar preciosa a su esposa.

La esposa es el "vaso más frágil" (v. 7). Ella es considerada como de menor fuerza física que el marido. La menor fuerza física de una persona no disminuye su valor. La vajilla de plástico es dura y casi irrompible. Sin embargo, cualquiera sabe que la costosa porcelana es tratada con más "honra" y con más cuidado en razón de su mayor calidad y valor. El marido que reconoce que su esposa es un "vaso más frágil" debe protegerla y proveer para las necesidades físicas, sociales, económicas y espirituales de ella. El esposo ha de honrar a su esposa dando respuesta a esas necesidades.

La honra debe mostrarse en muchos aspectos de la vida. ¿Basta con proveer financieramente para las necesidades de la esposa? ¿Qué diremos del papel espiritual del esposo? ¿Quién debe llevar la iniciativa en el hogar en ese aspecto? Si el esposo no aporta espiritualmente para la esposa y los hijos, ¿la ha honrado realmente como debiera? Un buen ejemplo para todo marido es el de Josué, que dijo: "Yo y mi casa serviremos a Jehová" (Jos. 24:15). No dejó a cargo de su esposa las responsabilidades espirituales del hogar. Si el esposo vela por el mantenimiento espiritual de su familia probablemente honrará a su esposa en todos los demás aspectos.

C. El marido debe reconocer a su esposa como a un igual en lo espiritual. Pedro dice que ambos son herederos en conjunto de la gracia de la vida (v. 7). ¿Cuál es el destino del marido creyente? Una abundante vida presente y la promesa de una vida perfecta en el cielo. La esposa tiene la misma bendición espiritual. ¿Qué ocurre con un marido que se arrepiente de su pecado y llega a tener una fe personal en Jesucristo? Dios lo adopta en su familia y lo transforma en un hijo suyo. Lo mismo ocurre con la esposa. Gálatas 3:28 dice: "Ya no hay judío ni griego, no hay esclavo ni libre, no hay varón ni mujer porque todos vosotros sois uno en Cristo Jesús."

El marido es reponsable de que las oraciones del hogar sean contestadas: "...para que vuestras oraciones no sean estorbadas" (v. 7). Las oraciones pueden quedar sin respuesta por causa de peleas, celos, amargura en el corazón.

Si la vida pierde su esplendor entre el esposo y la esposa aun lo que parece bueno es trágico. La relación entre los cónyuges no ha sido planeada para ser algo aburrido y sin vida. El propósito de Dios es que vivan felices hasta el final. Cuando se cumple el plan de Dios, el matrimonio permanecerá brillando.

Preguntas

1. ¿Podemos hacer una lista de dos o tres deberes de la esposa, de acuerdo con 1 Pedro 3:1-7?
2. ¿Cuáles son algunos deberes del esposo en la relación matrimonial de acuerdo con 1 Pedro 3:7?
3. ¿Qué pasa con nuestras oraciones si no estamos debidamente relacionados con nuestro cónyuge?
4. ¿Qué pasa con esas oraciones si la relación es correcta, de acuerdo con 1 Pedro 3:7?

DATOS PARA EL ARCHIVO:
Fecha: ____________________
Ocasión: ____________________
Lugar: ____________________

16

El fruto de una vida santificada

Finalmente, sed todos de un mismo sentir: compasivos, amándoos fraternalmente, misericordiosos y humildes. No devolváis mal por mal, ni maldición por maldición, sino por el contrario, bendecid; pues para esto habéis sido llamados, para que heredéis bendición. Porque: El que quiere amar la vida y ver días buenos refrene su lengua del mal, y sus labios no hablen engaño. Apártese del mal y haga el bien. Busque la paz y sígala. Porque los ojos del Señor están sobre los justos, y sus oídos están atentos a sus oraciones. Pero el rostro del Señor está contra aquellos que hacen el mal. *¿Quién es aquel que os podrá hacer daño, si sois ávidos por el bien? Pero aun si llegáis a padecer por causa de la justicia, sois bienaventurados. Por tanto, no seáis atemorizados por temor de ellos ni seáis turbados. Más bien, santificad en vuestros corazones a Cristo como Señor y estad siempre listos para responder a todo el que os pida razón de la esperanza que hay en vosotros, pero hacedlo con mansedumbre y reverencia. Tened buena conciencia, para que en lo que hablan mal sean avergonzados los que se burlan de vuestra buena manera de vivir en Cristo. Porque es mejor que padezcáis haciendo el bien, si la voluntad de Dios así lo quiere, que haciendo el mal.* 1 Pedro 3:8-17

Dios quiere que el corazón humano sea su morada. La Biblia dice que los cielos no pueden contener a Dios a causa de su grandeza. Sin embargo, por el milagro de su gracia, el Señor de gloria se complace en habitar dentro del hombre y hacer que éste se convierta en su santuario. Las cualidades que nos hacen similares a Cristo se presentan en aquel que permite que Dios tenga el lugar correcto en su vida.

I. La unidad es el fruto de una vida santificada

Primera Pedro 3:8 dice: "Finalmente sed todos de un mismo sentir." Ser "de un mismo sentir" es tener "el sentir que hubo en Cristo Jesús". Esa unidad debe ser total. Además dice que debemos ser *todos* de un mismo sentir. La palabra "todos" incluye a cada uno dentro de la fraternidad de la iglesia.

El Salmo 133:1 dice: "¡He aquí, cuán bueno y cuán agradable es que los hermanos habiten juntos en armonía!" Esa unidad es posible porque es el producto de una vida que santifica al Señor que habita en nosotros. ¡Qué desafío para el creyente!

El plan de Dios para sus hijos no es una vida fracturada, sino una de unidad espiritual. Jesús dijo: "Pero no ruego solamente por éstos sino también por los que han de creer en mí por medio de la palabra de ellos, para que todos sean una cosa, así como tú, oh Padre, en mí y yo en ti, que también ellos lo sean en nosotros" (Juan 17:20, 21).

II. La compasión es fruto de una vida santificada

El versículo 8 dice: "Compasivos, amándoos fraternalmente." Compasión significa "sentir con". Hebreos 4:15 dice que Jesús es un sumo sacerdote que se compadece de nuestras debilidades. La compasión es la comprensión e identificación que uno tiene con el otro, especialmente en tiempos de dificultad.

Las palabras y los hechos compasivos son muy necesarios en el mundo actual. Una persona puede llegar a ser encallecida, endurecida e insensible a las heridas, al hambre y a la muerte que hay en el mundo. Es mucho mejor cuando el fruto de la compasión se deja ver en la vida de una persona.

III. El amor es fruto de una vida santificada

El pasaje dice que debemos amar a los hermanos (v. 8). Todos los capítulos de esta carta tienen algo que decir sobre el amor. La frecuente aparición del amor sin duda indica la importancia de esta cualidad en la vida de cada uno. Cuando Cristo es santificado en el corazón, el amor fluye. Pedro dice que cuando Cristo está en el corazón, eso hará que los cristianos se amen unos a otros.

Cuando una iglesia de Carrizo Springs, Texas, estaba terminando un plan ambicioso de remodelación, tuvimos una desgracia que nos deshizo el corazón, porque el hermoso edificio fue destruido por el fuego. El seguro sólo cubría el costo del trabajo de remodelación. Sin embargo, la congregación nunca perdió la fe en Dios ni el amor entre sí. Unas cuantas iglesias del área nos ayudaron con ofrendas de amor. Ahora un hermoso edificio reemplaza al antiguo porque la gente de Carrizo Springs amó como deben amar los hermanos. ¿No es eso acaso un fruto de una vida santificada?

IV. La cortesía es fruto de una vida santificada

El versículo 8 continúa diciendo: "Sed humildes". El cristiano debe ser amable, respetuoso y gentil. Las buenas maneras adornan la vida de aquel que santifica a Cristo.

La palabra griega que se usa aquí (*philophron*) significa "cortés, de buenos sentimientos, de buenas maneras". El Diccionario Griego del Nuevo Testamento menciona la palabra *tapeinophron* que se traduce como "de mente humilde". Ambas traducciones parecen adecuadas. No son extrañas al espíritu de Cristo. Ambas actitudes de la mente son muy necesarias hoy como lo han sido siempre. Por lo tanto, si uno cultiva el espíritu de cortesía o humildad, está practicando el espíritu y mensaje del Nuevo Testamento.

Vivimos en un mundo cruel y duro. Los niños que se crían en el amor del hogar sufren de un choque cultural cuando salen de ese abrigo. Este tiempo de rudeza por lo común no coloca la cortesía como una cualidad necesaria para la supervivencia, aunque la cortesía siempre implique fortaleza y no debilidad. En muchos deportes se practican juegos duros, especialmente los que exigen contacto personal. Pero en la vida cristiana, la cortesía es una necesidad inevitable, de la misma manera como la rudeza física es necesaria en el deporte.

V. Generalmente el mal es consecuencia del mal

Cristo invirtió el orden. La Biblia enseña al creyente que un cristiano debe devolver bien por mal. Si una persona nos trata rudamente, debemos pagarle haciendo bien. Eso es lo que el doctor Raí Summers, un erudito sobre el Nuevo Testamento, llama "retribución cristiana".

Durante una de las duras campañas de Abraham Lincoln por la presidencia de los Estados Unidos, su opositor, William

Stanton se burló de él cruelmente. Sin embargo, cuando Lincoln ganó las elecciones y llegó a ser el presidente de los Estados Unidos no se vengó de Stanton. Al contrario, le dio el puesto de Secretario de Guerra. Unos pocos años después, cuando Lincoln fue asesinado, Stanton miró llorando al hombre muerto y dijo: "Fue el más grande estadista que el mundo ha conocido."

Cuando arrestaron a Jesús, Simón Pedro cortó la oreja de un soldado (Juan 18:10). Jesús levantó la oreja y gentilmente la colocó sobre la cabeza sangrante del asustado individuo. Pedro nunca olvidó esa experiencia. Más tarde escribió: "no devolváis mal por mal... sino por el contrario bendiciendo" (v. 9).

VI. Una lengua controlada es fruto de una vida santificada

Simón Pedro cita el salmo 34 donde dice: "¿Quién es el hombre que desea vida? ¿Quién anhela años para ver el bien? Guarda tu lengua del mal y tus labios de hablar engaño. Apártate del mal y haz el bien; busca la paz y síguela. Los ojos de Jehová están sobre los justos" (vv. 12-15).

La lengua puede ser usada para mal o para bien. La lengua controlada es la que se niega al engaño o cualquier otra cosa mala. La lengua bien disciplinada es la que santifica al Señor.

VII. Las buenas obras son fruto de una vida santificada

Pedro dice: "... haga el bien" (v. 11). Cuando Jesucristo mora en el corazón de un cristiano, hará lo que es bueno. Dios ha salvado a cada creyente para que haga buenas obras.

Pedro dijo en Hechos 10:38 que Jesús "anduvo haciendo el bien". El Nuevo testamento está lleno de incidentes del bien que Jesús hizo a la gente. Sanó enfermos, resucitó muertos, perdonó pecados, enseñó y alimentó multitudes y finalmente realizó el acto supremo de morir en la cruz por los pecados del hombre. Juan 21:25 declara: "Hay también muchas otras cosas que hizo Jesús que, si se escribieran una por una, pienso que no cabrían ni aun en el mundo los libros que se habrían de escribir." Simón Pedro fue testigo de centenares de esas obras alentadoras realizadas por Jesús. El no podía olvidarse de esas buenas obras de su Maestro ni en un millón de años.

VIII. La seguridad es fruto de una vida santificada

Allí surge la pregunta: "¿Quién es aquel que os podrá hacer daño, si sois ávidos por el bien?" (v. 13). Esto es un principio general y no una ley. Hay muchos que han hecho el bien y sin embargo han sufrido. Juan el Bautista fue decapitado y Jeremías sufrió la cárcel. Jesús fue crucificado. Pedro murió en forma violenta. Sin embargo, los ciudadanos que cumplen con la ley tienen una oportunidad mucho mayor que los criminales de andar por el mundo.

El que cree en Cristo y vive para él tiene una sensación de seguridad y protección que proviene de Dios. "Los ojos del Señor están sobre los justos, y sus oídos están atentos a sus oraciones" (v. 12). No tiene que temer el terror de sus perseguidores (v. 14). El creyente puede enfrentar cualquier crítica o persecución y dar una buena razón de su fe, haciéndolo "con mansedumbre y reverencia" (v. 15). Una "buena conciencia" (v. 16) es otro privilegio de aquel que vive con rectitud (v. 16). Además, Pedro dice que es mucho mejor sufrir haciendo el bien que haciendo el mal (v. 17). En todas las experiencias de la vida, el creyente que santifica al Señor en su corazón goza de la promesa de su seguridad.

Cuando Cristo es santificado en el corazón, la vida será más hermosa y llena de fruto abundante. La unidad, la comprensión, el amor, la cortesía, el abandono de la venganza, la lengua controlada, las buenas obras y la seguridad son algunos de los resultados de que el Señor de la vida more en nosotros. Como Cristo hace tanto por los cristianos, ¿puede alguno de ellos considerar que hará algo menos que tener una vida llena de fruto en su honor?

Preguntas

1. ¿Por qué no tratar de memorizar 1 Pedro 3:15?
2. ¿Cuánto fruto se produce en una vida santificada, de acuerdo con 1 Pedro 3:8-17?

DATOS PARA EL ARCHIVO:
Fecha: ______________________________
Ocasión: ______________________________
Lugar: ______________________________

17

El mayor viaje de ida y vuelta que se haya hecho

Porque Cristo también padeció una vez para siempre por los pecados, el justo por los injustos, para llevarnos a Dios, siendo a la verdad muerto en la carne, pero vivificado en el espíritu; en el cual también fue y predicó a los espíritus encarcelados que en otro tiempo fueron desobedientes, cuando en los días de Noé la paciencia de Dios esperaba, mientras se construía el arca. En esta arca fueron salvadas a través del agua pocas personas, es decir ocho. El bautismo, que corresponde a esta figura, ahora, mediante la resurrección de Jesucristo, os salva, no por quitar las impurezas de la carne, sino como apelación de una buena conciencia hacia Dios. Ahora él, habiendo ascendido al cielo, está a la diestra de Dios; y los ángeles, las autoridades y los poderes están sujetos a él. 1 Pedro 3:18-22

Los viajes de ida y vuelta del hombre a la luna nos han traído a una época que nadie podrá olvidar. Millones observaron a los astronautas saltar sobre la superficie lunar. El paso de los años no le ha restado lo sensacional que es un viaje en el espacio.

Sin embargo, el viaje de ida y vuelta más espectacular de todos los tiempos es el que hizo Jesucristo hace dos mil años cuando dejó los cielos, vino a la tierra y después de su resurrección física, ascendió a los cielos nuevamente.

Simón Pedro hace un relato de ese viaje de Jesús en 1 Pedro 3. A causa de la victoria del Salvador, ahora el creyente tiene por delante una vida sin fin. Observemos los distintos tramos del mayor viaje de ida y vuelta que se haya hecho.

I. Consideremos la visita de Jesús al planeta tierra

En cada generación hay una increíble cantidad de sufrimiento. Hay crueldad ejercida de muchas maneras. La violencia y la perversidad son tan abundantes que producen agonía y dolor por todas partes. Sin embargo, el sufrimiento que Cristo padeció por el hombre fue distinto de todo otro sufrimiento. El sufrió para redimir al hombre. El pasaje dice que murió por los pecados (v. 18). Sufrió en nuestro lugar o en nuestro favor. Se convirtió en nuestro sustituto dando su vida por nosotros.

Jesús sufrió una sola vez para redimir al hombre. El pasaje declara: "Cristo también padeció una vez para siempre por los pecados" (v. 18). ¿Cuántas veces aparece el Calvario en la historia humana? ¿Cuántas veces se encarnó Cristo? ¿Cuántas veces necesita repetirse la muerte en la cruz? La respuesta es que esa muerte no puede repetirse porque su valor es de una vez para siempre.

Antes de que Cristo viniera, los judíos ofrecían sacrificios de ovejas, cabras, vacunos o palomas. Los hebreos esperaban el día cuando Cristo apareciera y diera su vida de una vez como un hecho perfecto e irrepetible. Sufrió una vez en la cruz por los pecados. Nada debe agregarse a lo que Cristo ya hizo.

Jesús ofreció un sacrificio sin pecado por los pecados. El Cristo perfecto dio su vida por el hombre imperfecto. El pasaje dice: "El justo por los injustos" (v. 18). Todos deben admitir sus propias faltas. Nadie puede sinceramente creer que no tiene falla alguna.

Jesús es diferente del hombre pecador. Es llamado "el justo". Tomó forma humana pero sin tomar su pecado. Vivió toda su vida en la tierra sin hacer nunca el mal. Sus seguidores nunca levantaron un dedo acusador contra él. Simón Pedro vivió en estrecho contacto con Jesús por más de tres años y por eso pudo escribir que el justo murió por los pecados de los injustos.

Jesús sufrió para que el hombre pudiera volver a Dios. El versículo 18 dice que sufrió "para llevarnos a Dios". La muerte de Jesús fue necesaria para abrirnos el camino del regreso a Dios.

La muerte de Jesús es nuestra "invitación" a la presencia del Señor de la gloria. Al aceptar esa muerte redentora por nuestros pecados, tenemos acceso al Padre y a todas las glorias de la vida más allá de la tumba.

II. Consideremos la visita que Jesús hizo al ámbito de los muertos

Cuando él murió en la cruz entregó su espíritu en las manos de Dios (Luc. 23:46). Sin embargo, el Hijo de Dios probablemente "descendió a los infiernos", como dice el Credo Apostólico. Ese misterioso descenso es algo que por ahora vemos como por un espejo (1 Cor. 13:12) pues no lo entendemos bien.

Si Jesús fue al Hades después de su muerte, ¿cómo lo hizo? La visita sólo pudo haber sido hecha por su espíritu antes de la resurrección de su cuerpo. El doctor William L. Hendricks sugiere que al igual que los límites espaciales no tenían poder alguno sobre Cristo antes de su encarnación, tampoco lo tuvieron después de su muerte. Dice que Cristo pudo haber estado en cualquier parte después de ella.

Hendricks añade: "El verdadero punto del descenso fue seguramente la dramática demostración y el claro triunfo sobre el pecado, la muerte y el demonio." Colosenses 2:15 nos enseña que, por medio de la cruz, Cristo despojó "a los principados y autoridades, y los exhibió como espectáculo público, habiendo triunfado sobre ellos en la cruz." La simple presencia de Cristo en el Hades delante de sus enemigos fue una clara señal de su triunfo. ¡El pudo exhibir los trofeos de su triunfo en todas partes!

¿A quiénes predicó Jesús e hizo su anuncio de victoria en el Hades? Pedro dice que Cristo "fue y predicó a los espíritus encarcelados" (3:19). La gran pregunta es quiénes son esos espíritus encarcelados. La referencia básica bien puede estar relacionada con los "ángeles caídos" que se mencionan en 2 Pedro 2:4 y Judas 6. Estos pudieron ser los espíritus demoníacos. Algunos teólogos han tratado de relacionar estos ángeles con la historia de la generación malvada de los tiempos de Noé (Gén. 6:1-4). Esa interpretación dice que los ángeles caídos (que en Gén. 6 son llamados "hijos de Dios") cohabitaron con mujeres y que el resultado de esa unión produjo una generación extremadamente perversa en la época de aquel patriarca. Esta teoría es insostenible por las siguientes razones:

1. La Biblia no dice que los ángeles pecadores se casaron con mujeres. El pasaje del Génesis puede significar simplemente que los justos se casaron con injustas.
2. Jesús dijo que los ángeles no se casan; por lo tanto, es seguro que no tienen poderes procreadores (Mat. 22:30).

¿Es posible que la frase “espíritus encarcelados” se refiera a seres humanos? El teólogo Dale Moody cree que no. Pero, ¿puede referirse a todos los justos e injustos que murieron antes de la venida de Cristo y a los ángeles caídos? En Lucas 16:19-31 Jesús dio una parábola de vida después de la muerte. En ese relato, un rico y un pobre murieron. El rico se hundió en un mundo de sufrimiento, pero el pobre se despertó en el “seno de Abraham”. Un gran abismo los separaba, pero se podían ver entre sí. El descenso de Jesús al ámbito de los muertos probablemente tuvo por fin exhibirlo como vencedor.

La presencia de Jesús en el Hades después de su muerte debe de haber sido una clara indicación de juicio para todos los injustos. Los versículos 19 y 20 parecen implicar que los desobedientes de los días de Noé (¿y por qué no todos los incrédulos antes de Cristo?) quedaron bajo juicio. Los de la generación de Noé debieron haber sido señalados por sus vidas excepcionalmente perversas y violentas. Aquella mala gente siguió rebelándose contra la predicación de Noé, aun cuando Dios mostrara paciencia para con ellos durante ciento veinte años.

Jesús puede haber visitado a los justos en el Hades. Es posible que Cristo descendiera al mundo de los muertos para predicar las buenas nuevas a Abraham, Isaac y Jacob y todos los creyentes del Antiguo Testamento. El doctor Wayne Ward, así como otros teólogos del pasado y el presente, apoyan convincentemente esta interpretación (Cristo predicó en los dominios de la muerte a los santos del Antiguo Testamento). La victoria de Cristo en todos los ámbitos es segura por su muerte y su resurrección corporal. El pasaje de Efesios 4:8, 9 puede referirse a ese momento, largamente esperado, de liberación de todos los “espíritus encarcelados” y redimidos (ver Hechos 2:27; Romanos 10:7; Filipenses 2:10; Apocalipsis 1:18).

III. Consideremos el regreso de Jesús a los cielos

La fase final de ese viaje de ida y vuelta fue su regreso al punto de partida. El cuerpo de Jesús fue levantado de entre los muertos. En su cuerpo físico glorificado Jesús permaneció con sus seguidores durante seis semanas o cuarenta días. ¿Qué significó esa ascensión para los primeros seguidores de Jesús y qué significa para nosotros?

Jesús volvió al cielo para llegar a ser el Cristo universal. Mientras caminaba sobre la tierra, sólo podía estar en un lugar a la vez. Pero ese Cristo "local" se hizo universal por medio de la ascensión. Mandó al Espíritu Santo a tomar su lugar y vivir en el corazón de su pueblo. De ese modo, la ausencia física del cuerpo de Cristo se convirtió en una ventaja para el pueblo de Dios en todas las generaciones sucesivas.

Jesús volvió al cielo para hacer preparativos para una era eterna (Juan 14:2). Uno de los impresionantes hechos del futuro será la revelación de nuestro hogar celestial.

Una vez la reina de Saba fue a visitar a Salomón. Después de ver sus palacios, escuchar sus sabias exposiciones y observar su reino, su corazón quedó impactado. Dijo que ni siquiera le habían dicho la mitad (1 Rey. 10:7). ¿No hemos de suponer que cualquier cristiano lanzará la misma exclamación de sorpresa cuando vea su herencia eterna?

Jesús volvió al cielo para ser Señor sobre todos. "Está a la diestra de Dios; y los ángeles, las autoridades y los poderes están sujetos a él" (3:22). Cristo es ahora el Señor de la creación, la redención y la eternidad. Jesús volvió a los cielos para ocupar su lugar como Señor. Ha cumplido triunfalmente su propósito en su estratégico "viaje de ida y vuelta". Ahora se está preparando para intervenir en la historia humana y dirigir su era eterna. ¿Estamos preparados para ese momento final?

Preguntas

1. ¿Por qué sufrió Cristo según 1 Pedro 3:18?
2. ¿Qué produce la muerte de Cristo en el hombre pecador según el v. 18?
3. ¿Cómo volvió Cristo a la vida después de su muerte física (v. 18)?
4. ¿Adónde fue Cristo después de su muerte en la cruz (v. 19)?
5. ¿Qué hizo Cristo cuando descendió al mundo subterráneo (v. 19)?
6. ¿Cuál fue el hombre que predicó la justicia en el mundo pecador de antaño (v. 20)?
7. ¿De qué ordenanza cristiana es modelo el diluvio (v. 21)?
8. ¿Dónde está Cristo ahora y cuál es su posición (v. 22)?
9. ¿Podemos resumir el "viaje de ida y vuelta" que Cristo hizo al dejar el cielo?

DATOS PARA EL ARCHIVO:
Fecha: ____
Ocasión: ____
Lugar: ____

18

¿Por qué vivir santamente?

Puesto que Cristo ha padecido en la carne, armaos también vosotros con la misma actitud. Porque el que ha padecido en la carne ha roto con el pecado, para vivir el tiempo que le queda en la carne, no en las pasiones de los hombres, sino en la voluntad de Dios. Porque ya es suficiente el haber hecho en el tiempo pasado los deseos de los gentiles, habiendo andado en sensualidad, en bajas pasiones, en borracheras, en orgías, en banqueteos y en abominables idolatrías. A ellos les parece cosa extraña que vosotros ya no corráis con ellos en el mismo desenfreno de disolución, y por eso os ultrajan. Ellos darán cuenta a quien ha de juzgar a los vivos y a los muertos. Porque por esto ha sido anunciado el evangelio aun a los muertos, para que sean juzgados en la carne como los hombres, pero vivan en espíritu según Dios. 1 Pedro 4:1-6

Pedro menciona en sus cartas la historia de Noé. En aquellos tiempos, vivían hombres muy malos. Tan mala estaba la situación, que Dios se arrepintió de haber creado al hombre (Gen. 6:5-8). En Mateo 24:37 Jesús nos recuerda que antes de su regreso, el mundo estará muy violento como en los días de Noé.

La perversión está corroyendo la sociedad. Todos los aspectos de la vida están siendo profanados. Los fundamentos de la vida familiar se están derrumbando. El mal está absorbiendo al mundo entero.

En un tiempo de maldad, la respuesta del cristiano debe ser vivir en santidad. Debemos vivir para complacer a Dios. Las Escrituras nos dan varias razones por las cuales el cristiano debe vivir en santidad.

I. Por la muerte de Cristo

"Cristo ha padecido por nosotros en la carne" (v. 1). Durante los años de su ministerio público, Jesús sufrió por nosotros. Se privó de comida, descanso y gozos de la vida de hogar. No tuvo la emoción de estar con María, José y sus medio hermanos y hermanas (Mat. 12:46; 13:54-57; Mar. 3:31-32; 1 Cor. 9:5; Mat. 1:24, 25). Algunas de sus palabras equivalen a libros enteros como: "Las zorras tienen cuevas, y las aves del cielo tienen nidos; pero el Hijo de Hombre no tiene dónde recostar la cabeza" (Luc. 9:58; Mat. 8:20). Se impuso una disciplina e hizo a un lado la "buena vida".

La última semana de la vida de Cristo es conocida como "la Semana de la Pasión". En ese tiempo se intensificaron sus sufrimientos, culminando en la cruz. Nadie puede medir hoy lo enorme de los azotes y las bofetadas que él soportó. Los horrores de la cruz no se pueden explicar en lenguaje humano. Además el peso del pecado del mundo cayó sin cesar sobre el Hijo encarnado de Dios. Todas las puertas del infierno se abrieron sobre Jesús y el horror, el ultraje y el castigo del pecado cayeron sobre él. "Al que no conoció pecado, por nosotros Dios le hizo pecado" (2 Cor. 5:21). Cargó con la culpa y la maldición del pecado por nosotros. Esos sufrimientos "en la carne" significan que su propio cuerpo fue el escenario y el teatro donde el demonio actuó más perversamente sobre el Hijo de Dios.

Cristo sufrió por nosotros "en su carne". Por eso Pedro dice que, dado que el Salvador lo ha hecho todo por nosotros, debemos dejar de pecar. El pecado ya no tiene dominio sobre nosotros.

II. Por el triunfo de Cristo sobre el pecado

Por su muerte en la cruz, Cristo ha destruido los poderes del pecado. Se sometió a sí mismo a toda fuerza del mal durante su vida, pero éstas no obtuvieron victoria alguna sobre él. Jesús enfrentó al demonio en el centro de su poder. Enfrentó la tentación y la maldad día tras día en todas las formas que pueden ocurrir al hombre (Heb. 4:15). Venció a esos poderes malignos y mantuvo su victoria sobre ellos (Col. 2:15). Ahora está fuera del alcance de todos los elementos pecaminosos de este tiempo. Está por encima de la iniquidad del hombre que una vez lo aplastara. Dado que Cristo ha vencido sobre el pecado, se hizo disponible para su pueblo de modo que nosotros también podemos llevar vidas rectas y santas.

Un día cuando Jesús y los apóstoles fueron al otro lado del mar de Galilea, encontraron a dos hombres poseídos por los demonios. Vivían en los cementerios y no permitían que nadie pasase por allí y ni siquiera que enterrasen a sus muertos. Los demonios que habían tomado posesión de los hombres vieron a Jesús que se acercaba. Los dominó el temor y enseguida gritaron: "¿Qué tienes con nosotros, Hijo de Dios? ¿Has venido acá para atormentarnos antes de tiempo?" (Mat. 8:29). El Señor libró a los oprimidos y desvalidos de los enfurecidos demonios y aquellos hombres antes destruidos se fueron rumbo a una vida de libertad.

III. Por querer hacer la voluntad de Dios

La Biblia nos habla diciendo: "para vivir el tiempo que le queda en la carne, no en las pasiones de los hombres, sino en la voluntad de Dios" (v. 2). La clave de este mensaje es que el cristiano debe vivir en santidad. Debe ser vestido de justicia en Cristo. En Isaías 61:10 se nos dice que Dios quiere residir en nosotros y llenarnos de su santidad. Este es el significado de la vida cristiana: ¡Cristo en nosotros! Dios nos quiere para que seamos su morada. Primera Tesalonicenses 4:3 afirma: "Esta es la voluntad de Dios, vuestra santificación." Nuestro cuerpo debe ser usado para cumplir la voluntad de Dios, de la misma manera que el templo en la antigüedad fue destinado o consagrado como lugar de la morada de Dios.

La voluntad de Dios es que le amemos y le honremos. Un fariseo preguntó a Jesús cierto día cuál era el principal mandamiento. Aquel hombre experto en la ley escuchó una respuesta que despertó su atención: "*Amarás al Señor tu Dios con todo tu corazón y con toda tu alma* y con toda tu mente. Este es el el grande y el primer mandamiento" (Mat. 22:37, 38). Si Dios tiene el corazón de los suyos, los tiene a ellos. Si le amamos con todo nuestro ser, nuestro problema de pecado realmente cesará y seremos el pueblo santo que él quiere que seamos.

IV. Por ya haber vivido mucho tiempo en el pecado

El tiempo antes de la conversión puede haber sido de un año o de veinte. Todos los días que no se ha vivido para Dios han sido invertidos egoísta y erradamente. Por eso, Pedro dice: "Porque ya es suficiente el haber hecho en el tiempo pasado los deseos de los gentiles, habiendo andando en sensualidad, en bajas pasiones, en borracheras,..." (1 Ped. 4:3).

El que hace la voluntad de Dios tiene una vida íntegra y completa. En contraste, los que se entregan a esos males destructivos de la vida descubrirán que ésta se desmorona. La voluntad de Dios es unificante y construye el carácter y la personalidad. Los múltiples placeres pueden desintegrar la vida haciéndola pedazos. Nadie puede satisfacer los apetitos de la vida. Todos los placeres levantan la voz al unísono y reclaman ser atendidos. El que vive para satisfacer los anhelos sensuales llega a ser un ser errático e insatisfecho.

Los placeres sensuales pretenden dar gratificación. Sin embargo, son un peregrinaje pagano, sin propósito ni realización. Tanto los incrédulos como los cristianos de "mente carnal" descubren que todos los dioses de la vida quieren su propio altar y cada ídolo quiere la atención total de su devoto. Si el cristiano no logra ser un iconoclasta (un destructor de ídolos) eventualmente será destruido él mismo por su propia idolatría. El pecado y el demonio llevan en sí las semillas de destrucción.

V. Por el testimonio que los perdidos necesitan

A menudo los no cristianos no están de acuerdo o no simpatizan con el nuevo estilo de vida del cristiano. "A ellos les parece cosa extraña que vosotros ya no corráis con ellos en el mismo desenfreno de disolución, y por eso os ultrajan" (1 Ped. 4:4). Los que obran mal quieren que sus antiguos compinches continúen en la estampida del placer. Cuando alguien se aleja de la vida impía, los viejos "amigos" consideran que el que se ha alejado es algo raro. A menudo el cristiano es ridiculizado por sus viejos asociados a causa de su nueva vida en Cristo.

La Biblia subraya el hecho de que la vida santa de un cristiano no será entendida por el inconverso. De hecho, los incrédulos a menudo critican a los creyentes. Sin embargo, uno debe llevar una vida santa para ser testigo a aquellos que necesitan el mensaje de redención.

VI. Por la llegada inminente del día del juicio

"Ellos darán cuenta a quien ha de juzgar a los vivos y a los muertos" (1 Ped. 4:5). Pareciera que Pedro está escribiendo sobre aquellos que él ha conocido en años anteriores y que ahora están físicamente muertos. Tanto él como otros les habían predicado mientras vivían. Muchos de ellos creyeron al escuchar el evangelio. Oyeron el mensaje de salvación en ocasiones específicas y definidas. Actualmente, esos cristianos que han partido, aunque físicamente muertos, están con el Señor.

Los cristianos que han muerto no están condenados. La muerte física es la experiencia natural de todos los hombres. Esto es así a causa de la caída. El proceso de la muerte física continuará hasta que Cristo vuelva. Sin embargo, los santos de Dios que han muerto no tienen nada que temer porque "ninguna condenación hay para los que están en Cristo" (Rom. 8:1).

Los santos que han muerto están vivos. Ellos viven "en espíritu según Dios" (v. 6). Notemos el tiempo presente y la acción continua. Sólo están esperando el sonido de la trompeta cuando sus cuerpos serán levantados y glorificados (1 Tes. 4:16, 17).

El llamado a una "vida en un plano superior" es para todo cristiano. Dios nos está diciendo: "Sube más y más arriba." Como pueblo suyo que somos, ¿podemos permitirnos menos que una vida santa a la altura de Cristo? Creo que no. ¿Qué estamos haciendo hoy al respecto?

Preguntas

1. ¿Qué hizo para nosotros Cristo estando en la carne, según 1 Pedro 4:1?
2. ¿Qué debe hacer el cristiano por el hecho de que Cristo sufrió por él, según 1 Pedro 4:1?
3. ¿Cómo debe vivir y en qué debe envolverse el cristiano para hacer la "voluntad de Dios", según 1 Pedro 4:2?
4. ¿Cuál puede ser la opinión o sentimiento de los incrédulos hacia el cristiano, según 1 Pedro 4:4?
5. ¿Quiénes son los que están vivos, y quiénes los que están muertos?
6. ¿Cuándo se predicó el evangelio a los que han muerto según 1 Pedro 4:6?
7. ¿Qué significa para usted una vida santa?

DATOS PARA EL ARCHIVO:
Fecha: ______________________________
Ocasión: ______________________________
Lugar: ______________________________

19

Cómo vivir antes del fin de la historia

El fin de todas las cosas se ha acercado. Sed, pues, prudentes y sobrios en la oración. Sobre todo, tened entre vosotros un ferviente amor, porque el amor cubre una multitud de pecados. Hospedaos los unos a los otros sin murmuraciones. Cada uno ponga al servicio de los demás el don que ha recibido, como buenos administradores de la multiforme gracia de Dios. Si alguien habla, hable conforme a las palabras de Dios. Si alguien presta servicio, sirva conforme al poder que Dios le da, para que en todas las cosas Dios sea glorificado por medio de Jesucristo, a quien pertenecen la gloria y el dominio por los siglos de los siglos. Amén. 1 Pedro 4:7-11

Alguien le preguntó a San Agustín (teólogo del siglo IV): "¿Qué harías si supieras que Jesús volverá dentro de quince minutos?" El contestó: "Seguiría haciendo lo que hago ahora." Estaba tan seguro de estar cumpliendo la voluntad de Dios que no veía por qué cambiar su curso de acción.

"El fin de todas las cosas se acerca" (v. 7). Este pasaje indica que la historia humana se está acercando al final. Dios está listo para bajar el telón. La sociedad se está derrumbando y los imperios están cayendo. Y cuando llegue el fin, Jesús volverá. El cristiano fiel está preparado para cualquier acontecimiento.

En este pasaje bíblico Pedro nos da sugerencias prácticas para la vida a medida que se acerca ese fin de los tiempos. Nos dice que estemos alerta, que oremos, que practiquemos el amor de Dios, que mostremos hospitalidad y que usemos sabiamente los talentos que Dios nos ha dado. Todos deben cumplir con estos pasos, tan bien delineados, a la luz de la culminación de la historia.

I. Estemos alertas

Pedro dice: "El fin de todas las cosas se ha acercado. Sed, pues, prudentes y sobrios" (v. 7). El llamado a la sobriedad equivale al de estar alerta y sensibles. Como la historia no durará para siempre, todos deben estar preparados para el clímax del final. Algunos estarán durmiendo cuando debieran estar despiertos. Cabecear cuando hay que estar alerta no es sano ni sobrio. Simón Pedro advirtió a los lectores del primer siglo que debían estar listos para el regreso de Cristo.

Algunos cristianos están alborotados cuando debieran estar sobrios y bien ubicados. Algunos líderes cristianos de la iglesia del primer siglo tenían que luchar contra los que se habían hecho extremistas en el tema del fin de los tiempos. Inclusive algunos dejaban de trabajar, creyendo que Cristo volvería antes de que acabara el día.

Simón Pedro dice que debemos estar espiritualmente despiertos, manteniéndonos lejos de los emocionalismos que nos hacen actuar locamente. Por el otro lado, debemos cuidar de caer en un estado de letargo. Sigamos estando sensibles y alerta al esperar el regreso del Rey de Gloria.

II. Velemos en oración

Primera Pedro 4:7 dice: "Mas el fin de todas las cosas se acerca; sed pues, sobrios, y velad en oración" (RVR-60). "Velad en oración" indica que necesitamos mantenernos en comunicación con aquel que sabe cuándo terminará la historia. La persona que ora descubre un significado más profundo de la vida, aunque crea que "el fin de todas las cosas se acerca". El que tiene una vida disciplinada con oración regular, y es cumplidor de sus deberes diarios, está preparado para cualquier clímax en el drama de la vida. La vida espiritual en la que se cumple y se ora, lleva a una comunión de mente a mente y de corazón a corazón con Dios. Estar velando en oración demuestra ser un terreno seguro para el que debe enfrentar los vientos de la historia mientras llega la aurora del tiempo de Dios.

Jesús habló a menudo sobre la oración. Fijémonos en Lucas 18:1: "Les refirió también una parábola acerca de la necesidad de orar siempre y no desmayar." En una carta que trata sobre el inminente regreso de Cristo, Pablo escribe: "Orad sin cesar." (1 Tes. 5:17). Antes de la promesa de que "la paz de Dios, que sobrepasa todo entendimiento, guardará vuestros corazones y vuestras mentes en Cristo Jesús" (Fil. 4:7), se nos dice que debemos orar y hacer que nuestras peticiones sean conocidas por Dios. La oración es una actividad que retribuye.

Si tuviéramos que informar en la iglesia sobre la vida de oración, ¿tendríamos mucho qué decir? Es probable que la mayoría de los cristianos necesitamos hablar con Dios con más frecuencia. Debemos estar seguros de que él escucha la oración. Por eso la Biblia nos exhorta a: "Velad en oración."

III. Practiquemos el amor de Dios

El pasaje dice: "Sobre todo, tened entre vosotros un ferviente amor, porque el amor cubre una multitud de pecados" (v. 8). El amor que menciona el autor es el amor de Dios. El amor divino es el que está en el corazón del pueblo de Dios. ¿Cómo puede ser puesto en práctica ese amor?

El amor de Dios debe estar por encima de todo. Es más importante que cualquier otra cualidad en la vida. Uno puede sacrificar sus bienes, ser elocuente o tener la fe que mueve montañas, pero si falta el amor, está ausente el principal ingrediente de la vida. Dejemos que el amor de Dios inunde nuestras vidas.

El amor de Dios debe alcanzar a otros. La palabra "ferviente" significa "que se extiende". El amor se extiende a sí mismo. Como un atleta que extiende sus músculos e invierte sus energías en algún torneo, o como un caballo que corre a toda marcha, así el cristiano debe extenderse en beneficio de otros.

El amor de Dios debe experimentarse dentro de la comunión de los creyentes. La caridad comienza por casa. Jesús dijo: "En esto conocerán todos que sois mis discípulos, si tenéis amor los unos por los otros" (Juan 13:35).

El amor de Dios perdona los pecados. "Cubre una multitud de pecados" (v. 8). ¿De dónde obtuvo el autor esa idea? Está en el libro de Dios. En Proverbios 10:12 dice: "El amor cubre todas las faltas." Lo mismo dice la epístola de Santiago. El remedio para el pecado es el amor.

El amor no hace públicas las faltas o pecados de los demás. El amor genuino cubre el mal que ha sido hecho. Dios perdona y borra los pecados de toda alma que se arrepiente. En la cruz encontramos seguridad ante la ira de Dios. Dios quiere que "cubramos" nuestra injusticia y culpa a través de Jesucristo.

IV. Practiquemos la hospitalidad

En el versículo 9 leemos: "Hospedaos los unos a los otros sin murmuraciones." La hospitalidad significa demostrar amistad a los extraños. En Hebreos 13:2 se declara: "No os olvidéis de la hospitalidad, porque por ésta algunos hospedaron ángeles sin saberlo." El corazón hospitalario alienta al solitario y desalentado, así como al extraño. La hospitalidad es multifacética.

En los tiempos neotestamentarios no había hoteles como tenemos hoy. Las posadas del primer siglo no tenían reputación de ser cómodas y a menudo los viajeros no tenían dinero suficiente para quedarse en ellas. Los cristianos practicaron el hábito de quedarse en la casa de otros cuando viajaban. Los predicadores como Pedro, Pablo y otros, con frecuencia se alojaban en las casas de quienes se habían convertido en su ministerio. Los cristianos que huían de sus hogares a causa de la persecución o que viajaban por razones comerciales a menudo disfrutaban de la generosa hospitalidad de sus hermanos creyentes que les abrían sus puertas.

Se debe ser hospitalario, pero "sin murmuraciones". Hay que ser amistoso con los extraños pero sin resentimientos. No nos molestemos por el tiempo y los problemas que requiere el ser amables. ¿Alguna vez hemos hecho un favor a una persona y después nos hemos quejado por ello? Aunque demos la mejor habitación y regalemos una prenda al que está de paso, la hospitalidad pierde su valor si quien la provee rezonga por haberlo hecho. Todo cristiano debe ser conocido por su hospitalidad.

V. Usemos sabiamente los dones que Dios nos ha dado

Primera Pedro 4:10, 11 dice así: "Cada uno ponga al servicio de los demás el don que ha recibido, como buenos administradores de la multiforme gracia de Dios. Si alguien habla, hable conforme a las palabras de Dios. Si alguien presta servicio, sirva conforme al poder que Dios le da." Cuando uno se da cuenta de que hay un juicio pendiente sobre el mundo, debe llegar a ser un buen administrador de las capacidades que Dios le ha confiado.

Los dones son para beneficio del cuerpo de Cristo. Llegará un tiempo en que se pedirán cuentas a todos los que han recibido talentos y capacidades de parte del Señor. Los cristianos deben ser buenos administradores. El cristiano tiene un tesoro espiritual que debe ser usado nada menos que de acuerdo con la "multiforme gracia de Dios".

Todo cristiano debe testificar de Cristo. "Si alguien habla, hable conforme a las palabras de Dios" (v. 11). Cada cristiano debe ser un canal de Dios para transmitir la verdad. Puede compartir la verdad de la Palabra de Dios y decir lo que está haciendo en la vida. El evangelio del amor de Dios siempre es algo oportuno. Proverbios 25:11 nos recuerda: "Manzana de oro con adornos de plata es la palabra dicha oportunamente."

Todo cristiano tiene la fuerza para servir a otros. "Si alguien presta servicio, sirva conforme al poder que Dios le da." (v. 11). El Señor provee a su pueblo con la capacidad del poder para que su servicio pueda ser cumplido. La palabra que Pedro usa significa fortaleza y poder. La nuestra puede ser demasiado escasa o puede fallar, pero el poder de Dios es ilimitado.

El propósito de la vida a la luz del regreso de Cristo es hacer todas las cosas para la gloria de Dios. Pedro dice: "Para que en todo sea Dios glorificado por Jesucristo, a quien pertenecen la gloria y el imperio por los siglos de los siglos. Amén." (v. 11). ¿Por qué hacemos lo que hacemos? El apóstol dice que el móvil de la conducta cristiana es el de glorificar a Dios. La gloria corresponde a aquel que ha de reinar por siempre "cuando el tiempo no sea más".

Preguntas

1. ¿Cómo describe Pedro la proximidad del fin de la historia en 1 Pedro 4:7?
2. ¿Qué palabras pueden ser usadas para aclarar el término "sobrios"? ¿Qué reacciones extremas asumen algunas personas en vez de ser calmas y sobrias?
3. ¿Cuál es el significado de la oración?
4. ¿Podemos señalar dos o tres versículos bíblicos en los que se menciona la oración?
5. ¿Cuál es el significado básico del ferviente amor, tal como Pedro lo usa?
6. ¿Qué tipo de acción se debe tomar en relación con el pecado de otro si se tiene el amor de Dios en el corazón?
7. ¿Cuál es el significado de la hospitalidad?
8. ¿De dónde se obtienen los dones para servir a otros?

DATOS PARA EL ARCHIVO:
Fecha: ______________________________
Ocasión: ______________________________
Lugar: ______________________________

20

No un lecho de rosas

Amados, no os sorprendáis por el fuego que arde entre vosotros para poneros a prueba, como si os aconteciera cosa extraña. Antes bien, gozaos a medida que participáis de las aflicciones de Cristo, para que también en la revelación de su gloria os gocéis con regocijo. Cuando sois injuriados en el nombre de Cristo, sois bienaventurados porque el glorioso Espíritu de Dios reposa sobre vosotros. Así que, ninguno de vosotros padezca como homicida, o ladrón o malhechor, o por entrometerse en asuntos ajenos. Pero si alguno padece como cristiano, no se avergüence; más bien, glorifique a Dios en este nombre. Porque es tiempo de que el juicio comience por la casa de Dios. Y si primero comienza por nosotros, ¿cómo será el fin de aquellos que no obedecen al evangelio de Dios? Y si el justo con dificultad se salva, ¿en qué irá a parar el impío y pecador? Por eso, los que sufren según la voluntad de Dios, que encomienden sus almas al fiel Creador, haciendo el bien. 1 Pedro 4:12-19

El cristiano está en medio de un campo de batalla espiritual donde atacan las fuerzas del mal. Algunas personas piensan que la vida en Cristo es un aislamiento de la lucha y el combate. Sin embargo, Jesús nunca prometió a sus seguidores que estarían libres de los problemas y el dolor. A menudo habló de penurias, negación, sufrimiento y muerte. Necesitamos conocer que las dificultades pueden aparecer y estar preparados cuando el camino se pone difícil. Definitivamente la vida cristiana no es un lecho de rosas. ¿Cómo enfrenta la vida cuando llegan esos tiempos difíciles?

I. Reaccionemos positivamente ante las dificultades

El cristiano no debe sorprenderse ni alarmarse cuando enfrenta circunstancias adversas. El versículo 12 dice: "Amados, no os sorprendáis por el fuego que arde entre vosotros para poneros a prueba, como si os aconteciera cosa extraña." La palabra "extraña" nos da la idea de algo que es difícil de concebir o que resulta perturbador. Primera de Pedro 1:6, 7 hace una referencia a las pruebas que estaban ocurriendo. En cualquier momento pueden aparecer días de persecución para los cristianos en cualquier país; por lo tanto, debemos aceptar lo que nos sobrevenga sin estar indebidamente sorprendidos.

Treinta y cinco años antes de que Pedro escribiera esta carta, Jesús habló a los apóstoles de los malos tiempos que vendrían: "En el mundo tendréis aflicción" (Juan 16:33). Otro versículo que no se conforma al afán de comodidad del presente siglo es Hechos 14:22: "Es preciso que a través de muchas tribulaciones entremos en el reino de Dios."

En una de sus últimas conversaciones con Jesús, Simón Pedro oyó decir a su Maestro: "Cuando eras más joven, tú te ceñías e ibas a donde querías; pero cuando seas viejo, extenderás las manos, y te ceñirá otro, y te llevará a donde no quieras. Esto dijo señalando con qué muerte Pedro había de glorificar a Dios" (Juan 21:18, 19). La tradición dice que Pedro murió crucificado, con la cabeza hacia abajo. Y sin embargo, aquel terrible trance no llegó como una sorpresa para él. ¿Nos sorprenderemos si nos tocan días duros y difíciles?

II. Alegrémonos ante las dificultades

Pedro escribe: "Antes bien gozaos a medida que participáis de las aflicciones de Cristo" (v. 13). En vez de sorprendernos por pruebas fuera de lo común, debemos *alegrarnos* de ellas. Eso no quiere decir que vamos a saltar de felicidad. Eso no sería normal. La forma natural de reaccionar ante los tiempos duros es la de protestar, golpear y gritar. Sin embargo, tenemos una forma sobrenatural de fe y debemos reaccionar con un espíritu de alabanza al Señor cuando los días no son tan fáciles. Jesús habla de la bienaventuranza en medio de severas pruebas y en el bien conocido Sermón del monte. "Bienaventurados los que son perseguidos por causa de la justicia... bienaventurados sois cuando os vituperan y os persiguen... Gozaos y alegraos, porque vuestra recompensa es grande en los cielos" (Mat. 5:10-12).

El cristiano debe regocijarse en medio de las tribulaciones porque está compartiendo los sufrimientos de Cristo. Cualquiera que sea la prueba, hemos de mantener la alegría y el valor. El versículo 13 dice: "A medida que participáis de las aflicciones de Cristo." La senda de persecuciones y sufrimientos pone a los cristianos en el mismo camino de Jesús. Nos identificamos con el Salvador cuando pasamos tiempos difíciles a causa de nuestra fe. No es un sufrimiento *redentor*, sino un sufrimiento *de relación*. Cristo dijo: "El siervo no es mayor que su señor. Si a mí me han perseguido, también a vosotros os perseguirán" (Juan 15:20). Aunque un creyente no busque la tribulación ni corteje la persecución, puede gozarse en las pruebas, sabiendo que está participando en el estilo de vida de Cristo.

Pedro nos recuerda: "Para que también en la revelación de su gloria os gocéis con regocijo" (v. 13 RVR-1960). Cuando Cristo vuelva, ese hecho será glorioso de tal modo que los problemas actuales serán absorbidos por el gozo de la celebración. ¡Seremos felices! ¿En qué medida? "Con regocijo". ¿Qué significa "con regocijo"? ¿Alguna vez hemos visto un río que desborda sus orillas? ¿Alguna vez vimos un campo de algodón o de maíz que presenta el cuadro de una gran cosecha? ¿Hemos bebido el agua de un pozo artesiano, el agua fresca y grata que nunca deja de brotar? La alegría será como todo eso: Plena, abundante y emocionante. Ese día futuro debe quitar el pesimismo de la vida y borrar todo ceño fruncido, haciéndonos gozar de la vida con Cristo todos los días, a pesar de los problemas.

El cristiano debe gozarse en medio de sus tribulaciones porque el Espíritu de gloria reposa sobre él. "Cuando sois injuriados en el nombre de Cristo, sois bienaventurados; porque el glorioso Espíritu de Dios reposa sobre vosotros" (v. 14). La presencia de Dios descansa sobre aquel que es perseguido y permanece durante sus pruebas.

III. Alejémonos de toda mala vida para evitar dificultades innecesarias

El pasaje dice: "Así que, ninguno de vosotros padezca como homicida, o ladrón, o malhechor, o por entrometerse en asuntos ajenos" (v. 15). Dios no premia a nadie que hace lo malo. Una rápida mirada a la lista de las posibilidades para el mal debe hacer que todo cristiano se contenga de sufrir por alguna causa errada.

El cristiano no debe meterse en problemas debido al robo. Cuidémonos del robo en sus muchas expresiones. Una persona roba cuando copia en un examen. Una persona puede mentir en su declaración de impuestos. Uno puede dar medio tiempo de trabajo a cambio del pago de una jornada completa. No es tan difícil ser ladrón.

El cristiano no debe entrar en problemas por meterse en lo que no debe, que es el significado de la palabra que se traduce por "malhechor". Muchos sufren la tentación de meterse en los asuntos ajenos. Nos gustaría decir al presidente cómo debe gobernar el país. Querríamos que los ingenieros construyeran mejores caminos. Aun los cocineros de nuestro restaurante favorito podrían recibir algunas de nuestras observaciones. La Biblia nos dice que cada cual debe ocuparse de sus propios asuntos y poner su casa en orden, y que debe alejarse de todo estilo de vida que implique algo malo que produzca sufrimiento. Las malas prácticas pueden destruir cualquier lecho de rosas.

IV. Las dificultades pueden surgir por la dedicación a Dios

El versículo 16 dice: "Pero, si alguno padece como cristiano, no se avergüence: más bien, glorifique a Dios en este nombre." Si tenemos que soportar penurias a causa de la consagración cristiana, no tenemos por qué avergonzarnos. Esa experiencia puede ser una magnífica oportunidad para glorificar a Dios.

V. Las dificultades pueden ser juicio de Dios

El pasaje declara: "Porque es tiempo de que el juicio comience por la casa de Dios" (v. 17). El profeta dijo que Dios comenzaría a juzgar a su pueblo antes de que el juicio llegara a otros. En Ezequiel 9:6 está el principio de que el juicio debe comenzar por el santuario.

¿Dónde hizo Jesús sus primeros juicios? En la casa de Dios. Un día fue a Jerusalén y vio a los vendedores y cambiadores de dinero en el templo. Jesús volcó las mesas y tiró el dinero al suelo hasta que el templo pareció como si hubiera sido azotado por un terremoto (Juan 2:13-17).

El juicio comienza en el púlpito y sigue banco por banco. El Señor Jesucristo es justo y sacude el grano que debe llenar sus graneros. Purifica a su propio pueblo. Como cristianos nos ponemos en orden, o el Señor de gloria vendrá a castigarnos.

Los juicios de Dios se extienden a los incrédulos. Hay una cuestión terrible planteada en el texto: "Y si primero comienza por nosotros, ¿cómo será el fin de aquellos que no obedecen al evangelio de Dios?" (v. 17). La pregunta se hace aún más aguda: "Y si el justo con dificultad se salva, ¿en qué irá a parar el impío y el pecador?" (v. 18). Si el pueblo de Dios se escapa a duras penas, ¿qué terrible juicio ha de esperar al incrédulo?

Dios comenzó su castigo sobre Jerusalén. Los hebreos se preguntaban por qué esos severos juicios caían sobre ellos. Dios contestó: "El Señor... castigará también el fruto del corazón soberbio del rey de Asiria, y la gloria de sus ojos altivos." (Isa. 10:12). El día del juicio se acerca.

Cuando alguna prueba dura caiga sobre los cristianos, seguirán estando seguros de la completa capacidad de Dios para manejar todas las situaciones. Aun cuando la vida no sea un lecho de rosas, Dios sigue estando junto a su pueblo. Todos están invitados a que "encomienden sus almas al fiel Creador, haciendo el bien" (v. 19).

Preguntas

1. ¿Qué tipo de prueba menciona 1 Pedro 4:12 como algo que puede llegar a todo cristiano?
2. ¿Cómo debe reaccionar el cristiano cuando vienen tiempos difíciles?, según 1 Pedro 4:13.
3. ¿Qué gloriosa reacción tendrá el cristiano cuando vuelva el Señor?, según el mismo versículo.
4. ¿Cuáles son las cuatro formas en que debe sufrir un cristiano sin causa justificada?, según 1 Pedro 4:15.
5. ¿Qué doble respuesta debe dar un cristiano si sufre por Cristo?, según 1 Pedro 4:16.
6. ¿Dónde termina y dónde comienza el juicio de Dios?, según 1 Pedro 4:17.
7. ¿A quién debe consagrar su alma el cristiano?, según 1 Pedro 4:19.

DATOS PARA EL ARCHIVO:
Fecha: ______________________________
Ocasión: ______________________________
Lugar: ______________________________

21

¿Por qué debe ser humilde un cristiano?

Asimismo vosotros, jóvenes, estad sujetos a los ancianos; y revestíos todos de humildad unos para con otros, porque: Dios resiste a los soberbios pero da gracia a los humildes. Humillaos, pues, bajo la poderosa mano de Dios para que él os exalte al debido tiempo. 1 Pedro 5:5, 6

Aquel que sabe cómo vestirse en forma adecuada para cada ocasión específica se siente más descansado y cómodo. Pero, ¿qué de la "vestidura espiritual"? El pasaje nos recuerda que los cristianos deben vestirse de humildad: "Revestíos de humildad." Este pasaje habla en contra de la persona arrogante o vanidosa. Pero, ¿cómo aprendemos a ser humildes?

I. Los fracasos nos enseñan a ser humildes

Los días grandes y los momentos brillantes alientan a cualquiera y es lógico que así sea. El éxito es algo bueno para la salud mental. Si la vida está teñida de desastre y derrota, pronto se puede desarrollar una actitud negativa y de fracaso. Por lo mismo, bien se ha dicho que el sabor de la victoria es dulce.

Simón Pedro había saboreado algunas victorias. Había probado al mundo que podría competir con los mejores pescadores del mar de Galilea. Tenía todos los barcos que precisaba y vendía su pesca en el mercado de Betsaida, una ciudad pesquera cercana a Capernaúm de Galilea. Como pescador, llevaba una buena vida. Los fariseos y saduceos, sus frustrados críticos, probablemente se hubieran muerto de hambre si hubieran tenido que competir en su rudo mundo de trabajo. Pedro podría haber seguido hablando por años enteros de su sermón de Pentecostés. Sin embargo, él nunca menciona esa experiencia en sus cartas. La historia fue contada por Lucas.

Hubo milagros que sacudieron al mundo del Medio Oriente y que ocurrieron por la acción de los apóstoles. Pedro tomó de la mano a un hombre que había estado cojo desde su nacimiento, lo levantó y el hombre saltó y alabó a Dios, siguiendo su camino gozoso (Hech. 3). Simón Pedro levantó a Dorcas de los muertos (Hech. 9). Por lo menos durante 35 años Pedro había tenido un fructífero ministerio del cual podría haberse jactado toda la vida, pero no lo hizo.

Sin embargo, Pedro recordaba sus fracasos porque le enseñaron la humildad. Un día, cuando los discípulos cruzaron el mar de Galilea, se desató una tempestad tan fuerte que los discípulos no conseguían hacer que el bote avanzara entre las aguas enfurecidas. De repente, en medio del recorrido, vieron a alguien. Gritaron, pensando que habían visto un fantasma.

Jesús habló a los espantados discípulos, diciendo: "¡Tened ánimo! ¡Yo soy! ¡No temáis!" (Mat. 14:27). Inmediatamente Pedro gritó a Jesús para que le dijera que fuera a él y el Señor se lo permitió. Pedro comenzó a andar sobre el agua, pero pronto comenzó a hundirse. Las olas y el viento silbante distrajeron la atención de Pedro alejándolo de Jesús.

Cuando Pedro comenzó a hundirse en el agua, sin perder tiempo, comenzó a gritar: "¡Señor, sálvame!" (Mat. 14:30). Jesús lo tomó de la mano y lo levantó, y juntos volvieron al bote.

Pedro sabía que los otros discípulos lo habían visto empapado, fracasado. Eventualmente, esta experiencia moldeó a Pedro para convertirlo en un hombre humilde.

II. Vislumbrar la gloria de Dios nos hace humildes

Toda generación de creyentes necesita vislumbrar la majestad, la gloria y el poder de Dios. El Señor Dios es tan grandioso, tan santo, tan poderoso, que cuando un creyente percibe algo de esa majestad, ya no tiene lugar para la jactancia. No hay nada en la tierra ni en el cielo que tenga lugar para el orgullo humano. La gloria y la grandeza infinitas de Dios siempre sobrecogerán al hombre.

Pedro se vistió del manto de la humildad porque vio la gloria de Dios (Mat. 17:28). A la luz de ese esplendor, el apóstol debe haber descubierto su propia humanidad y debilidad. Poco a poco, ese apóstol aprendió la lección de la humildad.

Moisés fue el hombre más grande del Antiguo Testamento. Su preparación en el palacio de Faraón y la universalidad de esa tierra le fueron ventajas ilimitadas. En Números 12:3 dice: “Moisés era un hombre muy manso, más manso que todos los hombres que había sobre la faz de la tierra.” Moisés era humilde porque, como Pedro, sabía lo que era la derrota. Además, Moisés contempló la gloria de Dios en varias ocasiones.

El Señor llamó a Moisés cuando andaba en una vida de pastoreo y él tenía ochenta años. La voz de Dios se oyó desde una zarza ardiendo (Exo. 3). Cuando Moisés recibió los Diez Mandamientos, vio la sorprendente gloria de Dios. Las tablas de la ley fueron quebradas por Moisés cuando contempló la idolatría de los hebreos en el valle. Moisés volvió a subir a la montaña y por segunda vez contempló la presencia de Dios por cuarenta días. ¿Puede sorprendernos que se diga que su rostro brillaba? Su visión del resplandor de la presencia de Dios hizo que Moisés anduviera en una senda de humildad.

Cuando un cristiano tiene una verdadera visión de Dios o ve en las Escrituras la historia de la maravilla de la persona de Dios, encontrará que su propia jactancia se diluye y ya no tiene problemas para revestirse de humildad.

III. El rechazo de Dios hacia la persona orgullosa nos enseña la humildad

El pasaje dice: “Dios resiste a los soberbios” (v. 5). Cuando alguien de posición elevada exhibe su vida, Dios lo hará descender. Dios no se apura a humillar a nadie, pero el orgulloso no siempre podrá hablar de su grandeza.

Pedro fue reprendido cuando fue humillado por Jesús. Poco después de haber hecho su hermosa confesión declarando que Jesús era el Mesías (Mat. 16:16), el Señor comenzó a hablar de su muerte y su resurrección. La muerte de Jesús no entraba en los planes de Pedro. De hecho, estaba seguro de que Jesús no tendría que sufrir o morir. Debido a estas profundas convicciones, comenzó a reprender al Señor cuando habló de su muerte. En Mateo 16:22, vemos que Pedro dijo: “Señor ten compasión de ti mismo. ¡Jamás te suceda esto!” La respuesta de Jesús sorprendió a Pedro: “¡Quítate de delante de mí, Satanás! Me eres tropiezo...” (Mat. 16:23).

La expresión "revestíos todos de humildad" (v. 5) probablemente es una reflexión sobre la noche cuando Jesús tomó una toalla, se ciñó y lavó los pies de sus discípulos (Juan 13), mostrando así que él estaba dispuesto a cumplir el más humilde servicio que era posible realizar.

¿Cómo recibirá un anciano o pastor su servicio? ¿Cómo verá su tarea un maestro de escuela dominical o cualquier cristiano? El servicio debe ser voluntario, pues se lo hace para Cristo y no para ganancia financiera, sino con una mente ansiosa de hacer algo importante para Jesús. El trabajo que cumple un cristiano no es realizado con la actitud de ser señor sobre otro, sino de modo de ser ejemplo a los demás.

IV. Cuando nos sometemos a otros aprendemos a ser humildes

El pasaje dice: "Así mismo vosotros, jóvenes, estad sujetos a los ancianos" (5:5). La palabra "ancianos" puede referirse tanto a la edad como a la posición en la iglesia. La edad de los ancianos debe ser motivo de respeto para los jóvenes.

Por cortesía, la generación joven debe respetar a las personas mayores. Levítico 19:32 declara: "Ante las canas te pondrás de pie. Darás honor al anciano y tendrás temor de tu Dios." Todo joven debe ser cortés con la generación mayor, cualquiera que sea el puesto o el título de la persona mayor.

La escritura también dice: "Revestíos todos de humildad unos para con otros" (v. 5). Casi todas las divisiones y heridas en las iglesias podrían ser curadas si los cristianos se bajaran de su pedestal e hicieran a un lado su orgullo. El sometimiento y la humildad son esenciales para que prevalezcan la armonía y la unidad. Una persona humilde no tendrá dificultad en someterse a otra porque la humildad significa que uno es, como dijo Cristo: "Manso y humilde de corazón".

V. Dios promete exaltar a la persona humilde

El versículo 6 despierta interés: "Humillaos, pues, bajo la poderosa mano de Dios para que él os exalte al debido tiempo." Nadie debe pretender negociar con Dios. Sin embargo, Dios promete hacer que el cristiano humilde llegue a ser grande. Si uno se humilla "bajo la poderosa mano de Dios", resultarán beneficios de ello.

A su debido tiempo, Dios exalta al humilde. ¿Cuándo ocurrirá esto? Para algunos, el reconocimiento llegará en esta vida. Para todos, existe la promesa de que llegará en la eternidad para alcanzar un lugar de honor y gloria con Jesucristo. Debido a esa esperanza, ¿quién se negará a humillarse ante la cruz y reconocer su necesidad de Cristo y aceptar la salvación que él ofrece?

Las recompensas y beneficios que Dios tiene reservados para sus seguidores humildes son incalculables. Ya somos sus hijos. Nunca seremos dioses. Siempre habrá una diferencia entre el hombre redimido y su Señor. Pero Dios ha de exaltar a su pueblo. Cristianos, no abandonemos la lucha. A su debido tiempo, Dios nos exaltará.

¿Quiénes somos tú y yo? La mayor parte de la gente no ha oído nuestros nombres. ¿Y esto qué importa? Lo que es de enorme importancia es que estemos revestidos de humildad y listos para servir al rey de gloria. El resto de la historia debe quedar en manos de Dios.

Preguntas

1. ¿De qué tres maneras Pedro se identifica a sí mismo en el versículo 1 del capítulo 5?
2. ¿Cómo puede un cristiano alimentar al rebaño de Dios?, de acuerdo con el versículo 2?
3. ¿Qué sugerencias adicionales se encuentran presentes en el versículo 3 sobre la forma en que se debe servir?
4. ¿Quién ha de retribuir al "anciano" con una "corona de gloria"?
5. ¿Qué actitud deben tener los jóvenes hacia los mayores, de acuerdo con 1 Pedro 5:5?
6. ¿Qué hace Dios con el orgulloso? Ver el versículo 5. ¿Qué da Dios al humilde?
7. ¿Qué ocurre con la persona que se humilla bajo la poderosa mano de Dios?

DATOS PARA EL ARCHIVO:
Fecha: ____________________________________
Ocasión: ___________________________________
Lugar: ____________________________________

22

Poniendo nuestro cuidado en Dios

Echad sobre él toda vuestra ansiedad, porque él tiene cuidado de vosotros. 1 Pedro 5:7

La ansiedad o el temor son un problema de todos los días y se abre paso en casi todos los corazones. El diccionario de la Real Academia Española define el miedo como: "perturbación angustiosa del ánimo por un riesgo o daño real o imaginario."

La Biblia nos anima a echar en Dios todas nuestras ansiedades. La idea de "echar" recuerda al pescador que lanza su red en un río o un lago. El mismo tipo de acción se señala en la Biblia cuando los marinos echaron a Jonás al mar. Los siervos del rey Darío echaron a Daniel al foso de los leones. En algún momento del futuro, Dios echará al demonio al lago de fuego. El verbo "echar" significa que uno es libre para poner los cuidados de la vida en Dios y de esa manera estar libre de ellos. Hay dos razones para descargar en Dios los cuidados de la vida. Una es que el hombre no puede manejar sus problemas por sí solo. En segundo lugar, Dios sí puede manejarlos.

I. Una persona no puede manejar sus problemas por sí misma

Son demasiados y demasiado pesados. Cuando Pedro menciona "toda vuestra ansiedad", se refiere a todo el espectro de la vida. Abarca el pasado, el presente y el futuro al referirse a todos los cuidados de la vida. ¿Por qué algunos de ellos pueden derrumbar a alguna persona?

El pecado es una preocupación que puede perturbar la conciencia de un hombre. Cuando Adán desobedeció a Dios comiendo el fruto prohibido, el pecado entró a la raza humana. Caín mató a su hermano y sintió el peso de su crimen, clamando: "¡Grande es mi castigo para ser soportado!" (Gén. 4:13). El hombre pecaminoso sigue acosado por su naturaleza pecadora y sus malos hechos. A veces, una persona va a la cama y se despierta unas horas después con la conciencia acusándola. Algo está mal en su vida. Ese mal se llama pecado. El hombre sufre por el efecto destructor del pecado. A menos que el pecador encuentre alivio, seguirá sufriendo. La agonía del pecado quebranta y lleva al infierno, a menos que el arrepentimiento y la fe en Jesús sean experimentados. Las buenas nuevas del evangelio son que hay perdón por medio de la sangre de Jesús.

Los problemas financieros son problemas que perturban a muchas personas. Para muchos los asuntos de dinero pueden atemorizar más que cualquier otra preocupación de la vida. Si una persona siente el aguijón de la pobreza o si no tiene suficiente dinero para vivir con cierto grado de comodidad, lo más probable es que sienta temor. Puede darse el caso de que alguien necesite una casa. ¿Cómo se conseguirá el techo sin tener recursos? Los que no tienen dónde vivir a menudo tienen hambre. ¿Cómo pueden encontrar suficiente pan para su familia? ¿Cómo comprarán la ropa los que están desprovistos? No tienen los medios adecuados para adquirirla.

Y sin embargo, el alimento, la ropa y el techo no son garantía de felicidad. Del mismo modo, el materialismo no cura el hábito del temor. Hay gente que vive en mansiones con toda comodidad posible, pero está siempre dominada por la preocupación, los temores y la desdicha. La independencia financiera no es un antídoto permanente para el temor. En Proverbios 15:17 se lee: "Mejor es una comida de verduras donde hay amor que de buey engordado donde hay odio." Una familia feliz que sólo tenga pan y fruta para comer es preferible a una pareja desdichada que tiene las mejores carnes para comer.

Una vida en condiciones inestables produce preocupaciones. Pedro lo menciona al hablar de los "expatriados de la dispersión". Aquellos cristianos que habían sido desarraigados de su tierra natal, primordialmente debido a la persecución. Abrumados y solitarios, aquellos desparramados y sufrientes santos de Dios enfrentaban la frustración de no tener un lugar que pudieran considerar como su patria. Sin duda Pedro entendía esas condiciones inestables de vida cuando hablaba de la necesidad de poner todas las ansiedades en manos del Señor.

Una actuación de poca calidad es una preocupación que perturba a mucha gente. Simón Pedro expresó su ansiedad por su servicio al Señor. Después de haber declarado una lealtad absoluta se sintió reprendido por las palabras: "Antes que cante el gallo dos veces, tú me negarás tres veces" (Mar. 14:72). Pedro falló miserablemente y más tarde lloró por sus malas acciones. No ha sido el único que se ha sentido perturbado por su calidad de servicio a Dios y a los hombres.

En un mundo acosado por las presiones del trabajo, podemos identificarnos con la frustración de una mujer del tiempo del Nuevo Testamento. Cuando Jesús visitó su casa, Marta estaba ocupada en muchas cosas. Jesús le dijo: "Marta, Marta, te afanas y te preocupas por muchas cosas" (Luc. 10:41). Una persona puede estar tan turbada con las preocupaciones cotidianas que pierde la comunión con Cristo. Ciertamente la vida debe continuar, pero el secreto está en que, mientras cumplimos con nuestro deber, hagamos a un lado las ansiedades.

¿Qué diremos de los que enfrentan dificultades como las limitaciones de la ancianidad? Aun ellos deben dejar que el Señor de gloria se encargue de sus ansiedades. No pueden tener el vigor de la juventud. El rendimiento de una persona generalmente decae a medida que pasan los años. El Señor sólo quiere que cada uno haga la tarea que le corresponde en una situación determinada. Las horas de la noche no deben estar llenas de preocupaciones, ni las del día llenas de quejas. Dios puede darnos una vida dinámica cuando nos sentimos limitados por una actuación pobre.

Para muchos el futuro es una preocupación. No busquemos a los que miran bolas de cristal o a los que leen la palma de la mano buscando respuestas. Los que pretenden tener poderes psíquicos tampoco las tienen. Consultar médiums y curanderos es inútil y pecaminoso. Hay sólo uno que tiene el futuro en sus manos. Pongamos nuestra ansiedad por el futuro en las manos de Cristo.

II. Dios puede manejar nuestras ansiedades

En el texto leemos: "Porque él tiene cuidado de vosotros." Dios es todopoderoso. Es suficientemente grande para ayudarnos a enfrentar cualquier emergencia. Puede controlar el universo y cuidar de cada uno de nosotros.

Como Dios promete cuidarnos, podemos poner en sus manos todas nuestras ansiedades. El las atenderá cuidadosamente pues sabe todo acerca de ellas. El himnólogo Charles Weigle escribió acertadamente: "Nadie pudo amarme como Cristo." Cada vez que la preocupación golpea a nuestra puerta permitamos que Dios se ocupe de la situación.

Dios tiene una perfecta percepción de nuestras ansiedades. Sabe de todas las ansiedades que sobrevienen a una vida humana. Job dice en 31:4 "¿Acaso no ve él mis caminos y cuenta todos mis pasos?" Todos nuestros caminos y pasos pueden ser motivo de preocupación, pero ninguno de ellos es desconocido delante de Dios. El conoce todo sobre la inflación, la política, la búsqueda de empleos, los problemas matrimoniales, la posibilidad de lograr una fortuna y todos nuestros demás dolores de cabeza. Es omnisciente, o sea que lo sabe todo.

Dios también conoce las pequeñas frustraciones de la vida que pueden llegar a ser grandes como montañas. Sabe sobre la comida que se quema, el teléfono ocupado cuando necesitamos hacer una llamada urgente y la fiesta estruendosa del otro lado de la calle que nos mantiene despiertos hasta las tres de la mañana. Nuestras preocupaciones y temores son perfectamente conocidos por el Señor por secretos que éstos sean.

Luego de seguir a su Señor durante tres años, Simón Pedro aún no había aprendido plenamente la lección de poner sobre él sus ansiedades. Mostró una gran preocupación cuando un cobrador de impuestos de su ciudad de Capernaúm le preguntó si no se había dado cuenta de que se acercaba la fecha de vencimiento. Pedro fue corriendo a Jesús con el problema, como si ninguno de los dos tuviera la respuesta. Jesús le dijo que fuera al mar de Galilea, sacara un pescado, en cuya boca encontraría una moneda con la que podría pagar el impuesto de ambos (Mat. 17:27).

El Señor conoce todas las crisis de la vida. Como él tiene una clara visión de todas las situaciones, ¿por qué no llevarlas a él? Cuando nos llegue una hora oscura y haya algo que nos perturbe, permitamos que se ocupe de ello aquel que es la luz del mundo. Dios puede manejarlo todo.

Dios puede manejar nuestros problemas, porque sus provisiones son adecuadas. Sus depósitos siempre están llenos. La Biblia dice que Dios es el dueño de la plata, el oro y el ganado de toda la tierra. Todo le pertenece. Coloquemos nuestras cargas y cuidados sobre aquél que puede cuidar de nosotros.

Dios puede manejar nuestras debilidades porque siempre está presente. Puesto que Dios está cerca, podemos echar nuestras cargas sobre él. Así como Dios dijo a Moisés: "Ciertamente yo estaré contigo", él sigue caminando con nosotros.

El Salmo 125:2 dice: "Como Jerusalén tiene montes alrededor de ella, así Jehovah está alrededor de su pueblo, desde ahora y para siempre." La expresión "alrededor" alienta y llena la vida de esperanza. Como las ciudades antiguas fueron construidas de manera que estuvieran rodeadas por montañas, el Señor nos rodea a nosotros. Permitamos que el Señor que está con nosotros absorba nuestras ansiedades, cargas y cuidados.

La invitación a colocar los cuidados de la vida sobre el Señor es algo real. Librarse de la preocupación ansiosa es un acto de obediencia en la fe. Digamos a Dios: "Señor, éstas son mis preocupaciones. Las dejo en tus manos. Te las doy y te ruego que reemplaces cada carga con una bendición. Gracias por lo que estás haciendo ahora en mi vida. En el nombre de Jesús. Amén." Demos al Señor de gloria la oportunidad de hacer lo que él está deseando hacer siempre.

Preguntas

1. ¿Hemos memorizado 1 Pedro 5:7? Si no es así, hagámoslo y practiquemos el cumplimiento de lo que este versículo nos indica.
2. ¿Cómo definiríamos la ansiedad y el temor?
3. ¿Qué verbo de acción usa Pedro para decirnos cómo hemos de poner nuestra ansiedad en Dios?
4. ¿Qué palabra se usa para indicar la suma total de nuestras ansiedades?
5. ¿Cuáles son las dos principales razones que se dan en este mensajes para poner nuestras ansiedades en Dios?
6. ¿Podemos nombrar tres o cuatro preocupaciones que una persona no pueda manejar por sí misma?
7. ¿Cuáles son tres o cuatro razones para creer que Dios puede manejar las ansiedades de cualquier persona?
8. ¿Permitiremos que Dios controle nuestras ansiedades y temores?

DATOS PARA EL ARCHIVO:
Fecha: ____
Ocasión: ____
Lugar: ____

23

Un león al acecho

Sed sobrios y velad. Vuestro adversario, el diablo, como león rugiente, anda alrededor buscando a quién devorar. Resistid al tal, estando firmes en la fe, sabiendo que los mismos sufrimientos se van cumpliendo entre vuestros hermanos en todo el mundo. 1 Pedro 5:8, 9

En su libro *Cuando Huye Satanás*, C. S. Lovett dice que había sido cristiano por veinte años antes de darse cuenta de la existencia de un demonio personal. No dudaba de su existencia, pero no había captado el significado de la presencia y personalidad de Satanás.

Algunos dicen como al azar: "El diablo me hizo hacer esto." En consecuencia, el diablo llega a ser una simple denominación o un producto de la imaginación y nada más.

Las caricaturas del diablo dan la impresión de que Satanás es una broma o un fraude. Sin embargo, el Apocalipsis lo describe, de una manera atemorizante, como un gran dragón rojo, con siete cabezas, diez cuernos y una larga cola.

Algunos argumentan que Satanás apenas aparece en los tiempos bíblicos y que apareció tardíamente en el pensamiento hebreo por influencia persa. Pero, esas opiniones pasan por alto la historia de Job, el relato del Génesis y las dos docenas de veces que Satanás aparece en el Antiguo Testamento. Además, todos los mitos que dicen que Dios y el diablo son coexistentes son falsos. Sólo Dios es eterno.

Primera Pedro 5:8 lo describe como el adversario del cristiano. Es comparado a un león rugiente, perverso y salvaje que ronda buscando una víctima con el propósito de arruinarle la vida. ¿Cómo es? Es orgulloso, perverso y poderoso.

I. Satanás es orgulloso

En este pasaje se describe al diablo como un león rugiente. La terrible belleza y el aterrorizador rugido de un león nos recuerdan el "orgullo" de ese animal. Anda de un lado a otro con altiva arrogancia. Satanás también es orgulloso. Su sabiduría, belleza, capacidad para destruir, amén de su habilidad para penetrar en cualquier ambiente son algunas de las razones de su vanidad. No es manso, débil y bueno, sino orgulloso y presuntuoso.

El orgullo egocéntrico del demonio es mencionado en Isaías. Como el mayor de todos los seres celestiales creados, Satanás se llenó de orgullo y cayó de su elevada posición. Isaías 14:13, 14 mencionan cinco declaraciones presuntuosas del demonio:

1. Subiré al cielo.
2. Levantaré mi trono en lo alto.
3. Me sentaré en los montes del testimonio.
4. Subiré sobre las alturas de las nubes.
5. Seré semejante al Altísimo.

Ezequiel 28:12-17 dice: "Tú eras el sello de la perfección, lleno de sabiduría y acabado de hermosura. En Edén, en el huerto de Dios estuviste; de toda piedra preciosa era tu vestidura... Tú, querubín grande, protector, yo te puse en el santo monte de Dios... Perfecto eras en todos tus caminos, desde el día que fuiste creado, hasta que se halló en ti maldad... Yo te arrojaré por tierra; delante de los reyes te pondré para que miren en ti" (RVR-60). La frase: "Se enalteció tu corazón a causa de tu hermosura." muestra el sentimiento de superioridad de Satanás.

II. Satanás es perverso

Como un león hambriento y rugiente, sale a destruir todo lo que encuentra. Es nuestro adversario, el resumen de todo lo corrupto. No tiene sentido de decencia, integridad o virtud. Su conciencia está endurecida, retorcida y distorsionada. Como un león que acosa a su víctima hasta la muerte, el demonio no tiene compasión ni sentimientos por aquello que persigue. El corazón del jefe de los ángeles infernales tiene menos sensibilidad que una res cuando se le pone la marca con un hierro candente.

Sus sentimientos tienen todo el odio y la dureza que puede albergar un alma. En él se encuentran todos los planes malvados que podrían imaginarse.

Satanás nunca se arrepiente. Su mal nunca le hará llorar. Cuando arrastró con él a un tercio de las huestes celestiales haciéndolas caer de la gloria, su perversa conciencia no se perturbó. ¿Qué le importa a él que haya vidas destruidas y privadas de su belleza? ¡Nada!

El que sigue a Satán cree que una vida moral es sólo un motivo de burla. A menudo se defiende el estilo de vida homosexual y de ese modo Satanás se abre paso. Las drogas, la brujería, el alcoholismo, la blasfemia, la prostitución y juegos de azar son algunas de las grandes armas de su arsenal que Satanás usa para la demolición de la decencia en la humanidad.

Las perversiones de Satanás nunca cambian. Convierte la luz en tinieblas y la armonía en caos. Destruye las vidas hasta hacerles perder toda su dignidad. En 2 Corintios 6:15 se plantea la cuestión de qué concordia pueden tener Cristo y Belial. No hay posible arreglo entre ambos.

Satanás corrompe la iglesia en toda ocasión posible. Provoca dudas sobre la veracidad de la Palabra de Dios. Siembra cizaña en medio del trigo. Planta discordias entre los creyentes.

III. Satanás produce castigo y dolor al pueblo de Dios

¿Qué puede ofrecer a un cordero un "león rugiente"? Sólo sufrimiento y muerte. Nunca será algo mejor la recompensa del diablo. Un día entró al Edén. Plantó dudas en la mente del hombre en relación con Dios. Hizo brillantes promesas de sabiduría, grandeza y gloria a Adán y Eva. Todo lo que necesitaban era seguirle a él y rechazar a Dios. Las atractivas palabras de la serpiente fueron oídas por la primera pareja que soñaba con otra utopía. Lo único que consiguieron fueron las tierras duras fuera del Edén. El dolor en el parto sería la suerte de la mujer. Cardos y espinas comenzarían a crecer. El hombre debió aprender a ganar el pan con el sudor de su frente. El dolor llenó los corazones de la primera pareja humana y la tribulación y el dolor han acosado a todos desde ese trágico día de desobediencia.

Una respuesta positiva al diablo siempre produce castigo. Jesús advirtió a Simón Pedro: "Satanás os ha pedido para zarandearos como a trigo" (Luc. 22:31). En tiempos pasados, el grano era trabajado con instrumentos burdos. El diablo quería aplastar a aquel apóstol y dejarlo hecho pedazos. Su plan siempre es la destrucción y la pena. El que se imagine que Satanás ofrece una buena vida y nos libra del dolor no ha recorrido lo suficiente su propio camino.

IV. Satanás es poderoso

Como ocurre con el león, no se debe minimizar su poder. Aun después de la caída, retiene su fortaleza sobrenatural que Dios le dio al crearlo. Todos los ángeles, tanto los fieles como los caídos, tiene mucho más poder que el hombre. La Biblia ilustra de muchas maneras el poder que tiene el demonio.

Los nombres y títulos que se dan a Satanás indican su poder. En el texto de Pedro, al diablo se lo denomina como nuestro adversario. Un adversario es alguien que causa problemas a aquel con el que se enfrenta. Eso es lo que hace el diablo. Tiene una cruel hostilidad hacia todos los cristianos y se opone a ellos con toda su fuerza.

El diablo también es retratado en la Biblia como una serpiente. Por sus mortales colmillos y su terrífico veneno que paraliza a sus víctimas, la serpiente es odiada y temida por todos. El diablo es tan peligro como una víbora venenosa. Se le llama "la serpiente antigua".

El nombre "Apolión" que se le da en la Biblia sugiere su fuerza. Esa palabra trae la idea de un destructor y el diablo usa ese nombre con orgullo. Otros títulos: "dios de este mundo", "príncipe de las potestades en el aire", "ángel del abismo" o "Beelzebú" lo describen y sugieren su maligno poder.

La forma en que trabaja indica su poder. La Biblia menciona su astucia, sus dardos, sus hechizos y todas sus acciones engañosas. Enceguece a los hombres para que no vean el glorioso evangelio (2 Cor. 4:3, 4). Se presenta como un "ángel de luz". Persigue a los siervos escogidos de Dios. Tentó a Jesús de manera despiadada. No cesa en sus batallas para destruir al hombre.

La fortaleza de Satanás no es tema de debate. El libro de Judas, en el versículo 9, da una gráfica ilustración del poder del malo. El pasaje dice que después de la muerte de Moisés, el diablo quería el cuerpo de aquel gran hombre. Dios ya había hecho un funeral privado para él, pero Satanás quería exhumar el cadáver. Miguel, un arcángel de Dios, entró en un ardiente debate con el diablo sobre ese asunto, pero aun él se negó a tener un combate mano a mano con el diablo. Por lo contrario, dijo: "El Señor te reprenda." Si un poderoso ángel no quería entrar en el ruedo con Satanás, ¿seremos nosotros presuntuosos frente a tan terrible enemigo?

¿Se trata entonces de una causa perdida? ¿Triunfará Satanás? No, el diablo no puede ganar. De hecho, su certificado de defunción ya ha sido emitido y asegurado por la muerte de Cristo en la cruz. Primera Juan 3:8 declara: "Para esto fue manifestado el Hijo de Dios: para deshacer las obras del diablo." La muerte de Cristo en la cruz y su triunfo sobre la tumba es una clara señal de parte de Dios de que la victoria será suya. El cristiano ha sido redimido del poder final del diablo. Pablo nos alienta diciendo: "Y el Dios de paz aplastará en breve a Satanás debajo de vuestros pies" (Rom. 16:20). En Mateo 25:31 Jesús había dicho que Dios preparó el infierno para el diablo y sus ángeles. El tiempo del enemigo para engañar, dividir, perturbar y derrotar casi ha terminado. La victoria es nuestra canción.

El que pretenda hacer negocio con el diablo terminará perdiendo. El que acepta la redención de Cristo gana en el mundo presente y en el porvenir. La Biblia nos dice: "Hoy es el día de salvación" (2 Cor. 6:2 RVR-60). Cristo quiere redimirnos del poder de Satanás y sus fuerzas devastadoras. El juego del demonio terminará en tragedia. Dios ofrece a todos un camino de triunfo por medio de Jesucristo. ¿Qué decides?

Preguntas

1. ¿Cuáles son las dos palabras que nos sirven de guardia según 1 Pedro 5:8?
2. ¿Qué significa la palabra "adversario" en este pasaje?
3. ¿Con qué animal es comparado el diablo? ¿Por qué?
4. ¿Cuál es el propósito o meta del diablo?
5. ¿Qué debe hacer el cristiano cuando Satanás lo ataca?, de acuerdo con 1 Pedro 5:8, 9.
6. ¿Cuál es el destino final de Satanás, de acuerdo con Mateo 25:41 y Apocalipsis 20:10?

DATOS PARA EL ARCHIVO:
Fecha: ____
Ocasión: ____
Lugar: ____

24

Dios de toda gracia

Y cuando hayáis padecido por un poco de tiempo, el Dios de toda gracia, quien os ha llamado a su eterna gloria en Cristo Jesús, él mismo os restaurará, os afirmará, os fortalecerá y os establecerá. A él sea el dominio por los siglos. Amén. 1 Pedro 5:10, 11

Simón Pedro nos da una excelente descripción del Señor cuando dice que es "el Dios de toda gracia". La gracia es el medio por el cual Dios aplica su amor redentor en el pacto con su pueblo. La gracia significa la autoextensión de Dios que nos provee de placer, agrado, deleite, bendiciones y favores. La gracia es el camino para la amorosa bondad de Dios. No es merecida ni ganada; más bien, es el don gratuito que Dios hace de sí mismo por medio de Jesucristo. La redención, la santificación y la glorificación son el resultado de la libre gracia de Dios. La vida cristiana, desde la conversión hasta la coronación, ocurre a causa de su gracia sin par. El Dios de toda gracia tiene una relación personal y vital con su pueblo.

I. El Dios de toda gracia nos llama

La frase "os ha llamado" tine una apelación divina. Dios nos invita a todos a escuchar su voz y aceptar su llamado. ¿Para qué nos llama?

Nos llama para compartir su gloria que es la demostración de su esplendor, dignidad y perfección. Dios desea que nosotros experimentemos esa gloria. ¡Hay gloria abundante para todos!

Nada es temporario en la gloria y esplendor divino, pues éstos son eternos. Una revelación de ese esplendor divino se ve en los hechos del Exodo. También Pedro se vio sobrecogido en el monte de la transfiguración cuando contempló el descenso de la shekinah o gloria de Dios en el rostro de Jesús (Mar. 9:1, 9; 2 Ped. 1:16, 17). La ciudad celestial descrita en el libro del Apocalipsis nos da una impresionante visión de lo que está reservado en los tiempos futuros. El Cristo resucitado y glorificado es la mejor imagen de ese tipo de cuerpo y vida gloriosos que todo cristiano heredará algún día.

Dios nos llama a su gloria eterna "en Jesucristo". El medio secundario del llamamiento de Dios puede ser una tormenta, una muerte, un avivamiento o una familia cristiana. Sin embargo, el medio primario es Jesús, quien hace la invitación (Apoc. 3:20). Dios no quiere que ninguno perezca, sino que desea que todos vengan al arrepentimiento (2 Ped. 3:9). Por el espíritu de Cristo, Dios nos llama a todos a la vida y la gloria.

II. El Dios de toda gracia permite que su pueblo sufra

El pasaje nos dice: "Y cuando hayáis padecido por un poco de tiempo". En este sentido de la palabra, el sufrimiento se refiere a todo maltrato, por ejemplo las persecuciones que experimentaron los cristianos del primer siglo. El maltrato en la actualidad incluye: pobreza, discriminación, enfermedad, amenaza de guerra nuclear, incertidumbre política, soledad, etc.

La palabra griega que se traduce como "padecido" se deriva de la hebrea "pascua". El tiempo de la pascua era recordado como de sufrimiento y muerte. Durante la pascua, Jesús sufrió y murió como nuestro cordero Pascual.

Simón Pedro enfrentó dificultades. Escribió su primera carta desde una prisión y es muy probable que haya sido crucificado con la cabeza hacia abajo. Sin embargo, en contraste con la gloria eterna de Dios, el sufrimiento que soporta un cristiano es relativamente breve (Rom. 8:18). Es "por un poco de tiempo". Los cristianos pueden sufrir a causa de la pobreza. Jesús no tuvo riquezas terrenales. De hecho, nunca tuvo un lugar donde reclinar su cabeza (Mat. 8:20). Simón Pedro no tenía dinero alguno al principio o al final de su ministerio. El dijo a un cojo: "No tengo ni plata ni oro" (Hech. 3:6). Ser cristiano consagrado no es garantía de prosperidad financiera.

Sin embargo, los días de dolor no duran para siempre. Algún día amanecerá un nuevo tipo de vida para todos los santos que sufren.

III. El Dios de toda gracia nos restaura

La expresión "os restaurará" significa que nos llevará a un estado de plenitud. Dios produce una renovación en las vidas de su pueblo. ¿No es algo muy hermoso?

El restaura lo que está roto. La palabra "perfecto" de 1 Pedro 5:10 es la misma que se usa en Marcos 1:19 para la reparación de las redes. Pedro y sus amigos tenían que remendar o hacer que de nuevo fueran "perfectas" las redes que se habían desgarrado mientras pescaban. De tiempo en tiempo ponían en forma sus instrumentos de pesca.

Restaura lo que está manchado. La expresión griega "restaurará" también puede interpretarse como un lavado o limpieza de lo que está sucio. El Señor quiere remover esas manchas y hacer que los bordes feos de la vida vuelvan a ser hermosos. Hay una larga historia de esos casos. ¡Gloria a Dios!

Recordemos la historia de Josué que servía como sumo sacerdote en los tiempos del profeta Zacarías. El demonio pensó que podría conquistar al hombre de Dios algún día. Sin embargo, Dios reprendió a Satanás diciéndole: "¿No es éste un tizón arrebatado del fuego?" (Zac. 3:2). Usaba vestimentas manchadas, pero el Señor dijo: "—Quitadle esas vestiduras sucias. —Y a Josué dijo—: Mira que he quitado de ti tu iniquidad y te visto con ropa de gala" (Zac. 3:4). Dios embelleció la vida de Josué.

El Señor nos restaura y hace todos los ajustes necesarios en nuestras vidas. Pone en orden todas sus partes.

IV. El Dios de toda gracia nos estabiliza

La palabra "establezca" significa "confirmar". Dios es quien puede fijarnos firmemente de modo que no vayamos a la deriva. Los automóviles tienen estabilizadores para que no se deslicen de un lado a otro en las carreteras. El granjero también "establece" sus mulas y caballos. Las lleva de una pastura a un establo para evitar que los animales anden errando.

¿Tenemos conciencia de que algunos integrantes del pueblo de Dios andan en vueltas y meandros sin saber adónde van? Algunos no tienen meta o propósito fijo. Jeremías exclama: "¡Cuán frívola eres para cambiar tus caminos!" (2:36). Algunos cristianos andan siempre vagando los domingos como si fueran un río. Algunos lo pasan en el campo de deportes. Hay multitudes que van y vienen por los caminos sin otro propósito que el de matar el tiempo y andar de aquí para allá. Ahora bien, el pueblo de Dios debe "establecerse" en el Señor. ¿Qué somos, cristianos vagabundos sin propósito, o cristianos establecidos?

Antes de que Jesús muriera, Simón Pedro hizo una demostración de su fe. En menos de veinticuatro horas, una desconocida criada detectó su acento galileo y con su aguda lengua acusó a Pedro de ser seguidor de Cristo. El apóstol tembló de miedo y con vehemencia negó la acusación. Más tarde, la gracia de Dios lo estabilizó, o sea que el Señor le trajo a lo que él realmente era.

¿En qué medida Pedro llegó a ser alguien firme? Mientras esperaba la ejecución ordenada por Herodes, dormía tan calmadamente sobre un piso de concreto con las manos atadas a dos soldados romanos que un ángel tuvo que sacudirlo para que se despertara (Hech. 12:6). ¡Eso sí que es dormir libre del miedo! Alguna vez en su vida, Pedro debe de haber memorizado Isaías 26:3: "Tú guardarás en perfecta paz a aquel cuyo pensamiento en ti persevera, porque en ti ha confiado." ¡Eso es maravilloso! Dios está siempre a nuestro lado. Puede darnos la estabilidad que necesitamos. Simplemente debemos pedirle que lo haga.

V. El Dios de toda gracia nos fortalece

Aporta vitalidad espiritual al creyente. Dios imparte fortaleza que reemplaza nuestra debilidad vigorizándonos. Simón Pedro usa una palabra al decir "fortalecerá" que nos recuerda que Dios no pierde la oportunidad de dotar al creyente con el poder que necesita, haciéndonos fuertes.

Cuando estemos a punto de abandonar la batalla, recordemos a aquel que nunca se cansa. El Dios de toda gracia puede revitalizar nuestra vida. Puede darnos fortaleza para todas las batallas. Dijo a Moisés: "Tu fuerza sea como tus días" (Deut. 33:25). Podemos dudar de cuánto duraremos, pero nadie debe tener dudas en cuanto a la ayuda de Dios a aquellos que la necesitan. Dios capacita a su pueblo para avanzar hacia la victoria. Marcos conocía bien las palabras de Isaías 40:31: "Los que esperan en Jehovah renovarán sus fuerzas". Es la misma promesa de 1 Pedro 5:10. La fortaleza que viene de arriba está al alcance de aquellos que viven en este mundo. Sigamos pidiendo a Dios que infunda en nuestra vida su poder renovador.

VI. El Dios de toda gracia coloca a su pueblo sobre una base firme

El divino Arquitecto pone su fundamento y allí nos afirma. Pedro se refiere a Jesús como: "la Piedra Viva —que fue ciertamente rechazada por los hombres, pero delante de Dios es elegida y preciosa—" (1 Ped. 2:4).

Jesús contó la inolvidable historia de los dos hombres que construyeron una casa. Uno la hizo sobre la arena y el otro sobre la roca. Cuando cayeron lluvias, las aguas arrasaron todo y los vientos soplaron, pero sólo quedó firme la casa que estaba sobre la roca.

Los hombres aún siguen construyendo sus vidas sobre fundamentos que se derrumban. El humanismo secular trata de eliminar a Dios de su lugar como Señor. El humanismo ateo es un fundamento falso y perverso. El materialismo y el capitalismo nunca puede soportar los embates de la vida, si las personas no permiten que Dios sea el fundamento sobre el cual uno puede construir su vida. El ateísmo nunca será base real para construirla. ¿Hay una alternativa para la futilidad? Sí, el Dios de toda gracia ofrece a Jesús. El es la piedra preciosa del ángulo, el fundamento seguro (Isa. 28:16). El que cree en él no será confundido. Leemos en 1 Corintios 3:11: "Porque nadie puede poner otro fundamento que el que está puesto, el cual es Jesucristo."

El versículo 11 de 1 Pedro 5 es maravilloso: "A él sea el dominio por los siglos. Amén." Hacemos bien cuando alabamos al Señor de gracia y gloria. A él le corresponde toda la gloria porque vive y un día pondrá todas las cosas bajo su control. Alabémosle por ser el Dios de toda gracia. ¡Gloria a su nombre!

Preguntas

1. ¿Qué significa la gracia?
2. ¿Por qué y cómo Dios llama a las personas?
3. ¿Por qué el cristiano no está exento de sufrimiento?
4. ¿Cuáles son las palabras que usa Pedro para hacer énfasis en cómo Dios trabaja en la vida de su pueblo?
5 ¿Cuál debe ser nuestra respuesta al "Dios de toda gracia"?, de acuerdo con el versículo 11.